# EL PACTO DE DIOS CON USTED

*Amor*

## PARA OBTENER VIDA Y FAVOR

# JOHN ECKHARDT

**CASA CREACIÓN**

*El pacto de Dios con usted para obtener vida y favor*
por John Eckhardt
Publicado por Casa Creación
Una compañía de Charisma Media
600 Rinehart Road
Lake Mary, Florida 32746
www.casacreacion.com

Las citas bíblicas marcadas con BLPH, han sido tomadas de *La Palabra*, (versión hispanoamericana), Copyright © 2010 Texto y Edición, Sociedad Bíblica de España.

Las citas bíblicas marcadas con PDT, han sido tomadas de *Palabra de Dios para todos*, Copyright © 2005, 2008, 2012, Centro Mundial de Traducción de La Biblia, Copyright © 2005, 2008, 2012 World Bible Translation Center.

Las citas bíblicas marcadas con CST, han sido tomadas de la Santa Biblia, Nueva Versión Internacional®, NVI® (versión castellana) Copyright © 1999, 2005 por Bíblica, Inc.® Usada con permiso. Todos los derechos reservados mundialmente.

Originally published in the U.S.A. under the title:
*God's Covenant With You For Life and Favor*
Published by Charisma House, A Charisma Media Company,
Lake Mary, FL 32746 USA
Copyright © 2015 John Eckhardt
All rights reserved

Copyright © 2015 por Casa Creación
Todos los derechos reservados

Visite la página web del autor: www. johneckhardtministries.com

Traducido por: Sonalí Irizarry
Diseño de la portada: Justin Evans
Director de diseño: Justin Evans

Library of Congress Control Number: 2015932317
ISBN: 978-1-62136-964-6
E-book ISBN: 978-1-62998-346-2

Impreso en los Estados Unidos de América
15 16 17 18 19 * 7 6 5 4 3 2 1

# CONTENIDO

1. EL PACTO CON DIOS LE GARANTIZA
VIDA Y FAVOR ............................................. 1

   MANTENGA SU PAZ EN UN MUNDO CAÓTICO ......... 3

   ¿QUÉ TRAERÁ UN PACTO CON DIOS A SU VIDA? ..... 5

   POR QUÉ USTED NECESITA ENTENDER EL PACTO .... 8

   ORACIONES PARA UNA VIDA
   LLENA DE BENDICIONES ................................. 9

   ORACIONES PARA MULTIPLICACIÓN Y AUMENTO ... 10

2. ENTRAR EN PACTO CON DIOS ..................... 13

   SOLAMENTE HAY UN CAMINO HACÍA
   LA PAZ VERDADERA ..................................... 14

   JESÚS ES NUESTRO PACTO .............................. 16

   LA SALVACIÓN VIENE A LOS GENTILES
   A TRAVÉS DEL NUEVO PACTO .......................... 17

   ORACIONES PARA ACTIVAR EL PACTO
   DE DIOS EN SU VIDA ................................... 19

3. CAMINAR EN EL FAVOR DE DIOS ............... 22

   NIVELES DE FAVOR ..................................... 23

   LA MISERICORDIA Y LA COMPASIÓN
   INCREMENTAN EL FAVOR DE DIOS .................... 25

   LA FIDELIDAD HACE CRECER EL FAVOR DE DIOS ... 25

   LA GENEROSIDAD HACE CRECER EL FAVOR ........... 27

   MAYOR GRACIA (FAVOR) ............................... 28

El favor se multiplica a través del
conocimiento, la sabiduría y el
entendimiento .................................................. 30

El favor alcanza al humilde ............................... 32

Mi experiencia con el favor ............................... 32

Usted necesita favor ......................................... 35

Oraciones para desatar el favor de Dios ..... 36

4. UNA VIDA DE EXCELENCIA Y
SABIDURÍA .................................................... 40

La sabiduría es primordial ............................... 40

El temor de Dios trae sabiduría ...................... 45

Excelencia moral (virtud) ............................... 45

Cosas Excelentes ............................................. 47

Considere a la hormiga ................................... 47

Confesiones para caminar en sabiduría ....... 49

5. IMPULSO: LA CLAVE PARA MANTENER
LA VIDA VICTORIOSA ................................... 53

Aumente su impulso ......................................... 54

El impulso de Josué ......................................... 55

El impulso de David ......................................... 56

El impulso le da la fuerza para obtener
el éxito en medio de una larga
temporada de guerra ........................................ 57

El lado oscuro del impulso ............................... 58

El Señor de los quebrantos ............................. 60

EL PODER DE DIOS LO IMPULSA ........................... 61

EL RESULTADO DEL IMPULSO ............................ 62

EL DENUEDO AYUDA A MANTENER IMPULSO ......... 64

LOS MILAGROS DAN IMPULSO ........................... 65

ORACIONES PARA DESATAR EL PODER DE DIOS ......... 67

ORACIONES POR AUDACIA Y VALOR ....................... 69

6. LOS LADRONES QUE VIENEN A MATAR
Y DESTRUIR UNA BUENA VIDA ..................... 71

LOS CONTROLADORES Y LOS MANIPULADORES ..... 72

EL PECADO OCULTO .......................................... 73

LA PROCRASTINACIÓN ....................................... 74

LA PASIVIDAD Y LA PEREZA ................................ 75

EL DOBLE ÁNIMO .............................................. 78

CÓMO RECUPERAR EL IMPULSO ........................... 79

NUNCA MÁS: CONFESIONES QUE BLOQUEARÁN
LOS LADRONES DEL ÉXITO Y LA PROSPERIDAD ....... 80

7. AVANCE PARA OBTENER VIDA Y FAVOR
A TRAVÉS DEL AYUNO Y LA ORACIÓN ...... 85

ALLÉGUESE AL AYUNO CON
HUMILDAD Y SINCERIDAD ................................... 89

CÓMO AYUNAR .................................................. 90

QUÉ TIPOS DE AVANCES PUEDE USTED
ESPERAR COMO RESULTADO DEL AYUNO ................. 91

ORACIONES Y DECLARACIONES QUE DESATAN
LOS BENEFICIOS DEL AYUNO ................................ 97

## 8. UN FUTURO LLENO DE ESPERANZA.........100

1. Tenga Fe en Dios......................................101

2. No se inquiete a causa de
   los malvados...........................................102

3. Guarde su corazón y su boca.....................103

4. Deléitese en el Señor................................103

5. Bendiga las cosas pequeñas que
   tiene en sus manos..................................104

6. Tome responsabilidad de su éxito..............104

7. Camine en el plan de Dios
   para su vida............................................105

8. Reconozca los patrones de
   la provisión de Dios.................................107

9. Abrace lo nuevo.....................................109

10. Medite en la Palabra..............................111

   Declaraciones de fe..................................113

   Oraciones para activar
   lo nuevo de Dios.....................................114

   Confesiones para la
   meditación de la Palabra...........................115

## NOTAS.......................................................117

# Capítulo 1
# EL PACTO CON DIOS LE GARANTIZA VIDA Y FAVOR

*[El pacto es] probablemente el concepto menos entendido y al mismo tiempo el más importante de toda la Biblia. Es a su vez el corazón y el fundamento de la relación de la humanidad con Dios.*

—J. E. LEONARD[1]

LA IDEA DE vivir una buena vida de éxito, bendición y favor puede ser controversial entre el pueblo de Dios. Algunos quieren ser bendecidos y vivir en abundancia, pero se sienten culpables por ello. Otros creen que los creyentes no deben desear tener riquezas. Ellos creen que cuando somos salvos debemos hacer un voto de pobreza. El otro extremo ve a Dios como una máquina de juegos de azar. Ellos piensan: "Si desarrollo la fórmula perfecta para la oración, la adoración, la fe y la declaración, obtendré mi bendición".

El vivir una vida exitosa es más que obtener dinero. Tenemos que expandir nuestro entendimiento de lo que significa la prosperidad. Según la *Strong's Complete Concordance of the Bible*, una palabra hebrea para prosperidad es *shalom*, que es la palabra para "paz". *Shalom* también significa "plenitud, sanidad, bienestar y paz". Representa plenitud en número y seguridad y sanidad del cuerpo físico. El término *shalom* también se refiere a nuestra relación con Dios y con las personas.

La prosperidad es tranquilidad, reposo, abundancia y paz. Las palabras asociadas con *reposo* son bondad, agradable, beneficio, bienestar, prosperidad y felicidad.

La paz tiene una naturaleza capaz de cubrir todas las áreas de nuestras vidas. Si nos hallamos en angustia financiera, no podemos mantener un empleo, observamos dificultades recurrentes en nuestras relaciones y nunca somos capaces de realizar nuestros sueños, no estamos en paz.

1

Cristo trae paz a nuestras vidas a través de un pacto. El pacto de Dios con nosotros es un pacto de paz. Vivir una vida buena y próspera tiene que ver con habitar en el pacto de paz o *shalom* con Dios. La religión nos ha condicionado a creer que la vida debe ser una llena de problemas y que un día iremos al cielo y entonces tendremos paz. La paz no solamente es para experimentarse en el cielo, sino también aquí y ahora en la tierra. Sus días no deben estar llenos de problemas. Eso no significa que no van a surgir problemas, pero usted se puede parar firme y decirle al problema que huya. Usted no tiene que vivir una vida de preocupaciones y ansiedad. La paz es de usted. La prosperidad es de usted. Aun cuando los problemas llegan, no pueden robarle su paz.

Todo el mundo busca la paz. Sin embargo, solamente hay un camino hacia la paz y es a través de Jesús. Él dice: "Yo soy el camino…" (Juan 14:6). En Jueces 6:24, Él es llamado Jehová *shalom*: "El Señor es paz". Jesús es parte de la Trinidad. Con quien quiera que ellos sean identificados, Jesús también lo es. Tener a Jesús en nuestro corazón es el camino hacia la paz. Sin Jesús, no hay paz. Es aquí cuando la prosperidad llega; cuando la bendición llega. La paz es lo que usted posee como santo de Dios.

Usted también es un pacificador y según Mateo 5:9, usted es bienaventurado. Usted lleva *shalom* adondequiera que va, porque Jesús está en su interior. Usted puede cambiar completamente la atmósfera de un lugar porque el Príncipe de paz habita en su interior. Este es su pacto.

> ¿Y cómo predicarán si no fueren enviados? Como está escrito: ¡Cuán hermosos son los pies de los que anuncian la paz, de los que anuncian buenas nuevas!
>
> —ROMANOS 10:15

El Evangelio consiste en que Jesucristo vino y murió para que pudiéramos experimentar el *shalom* de Dios. El castigo—el precio—de nuestra paz fue sobre Él. Él fue azotado y crucificado para que pudiéramos tener paz. Todo aquel que cree en el Mesías y se somete a Él, puede tener paz.

Usted puede tener prosperidad y vivir seguro y todas las bestias feroces tendrán que huir de su vida. Usted no será atormentado por demonios. Usted tendrá la bendición de Dios.

Es la garantía de su pacto de paz. Les pertenece a los santos de Dios. Así que no importa cuán difícil sea la noticia, no permita que el enemigo le robe su paz y su *shalom*.

No importa lo que suceda, diga: "Jehová Shalom, tú eres mi paz. Tú eres mi prosperidad. Tú eres quien me da *shalom*. Me niego a ser atormentado por el enemigo, a ser irritado, agobiado, oprimido, pobre o arruinado. Me niego a no tener la paz de Dios, porque Jesús fue castigado por mi paz. Soy un santo de Dios. Estoy bajo el pacto. Tengo el derecho a la paz. Puedo caminar en ese pacto. Podrán caer mil a mi lado y diez mil a mi diestra, pero a mí no llegarán, porque tengo un pacto de *shalom*".

Entienda que esto no es algo que vendrá un día. Está aquí y es suyo. Jesús es el Príncipe de paz. ¿Tiene a Jesús en su interior? Su paz es sobrenatural. Ya está hecho. Todo lo que usted tiene que hacer es caminar en fe y será suyo. Esta es la razón por la que vino Jesús.

## MANTENGA SU PAZ EN UN MUNDO CAÓTICO

Porque el reino de Dios no es comida ni bebida, sino justicia, paz y gozo en el Espíritu Santo.
—ROMANOS 14:17

La paz es el reino de Dios. Si usted no está en el reino, entonces no tiene *shalom*. Si se considera hijo de Dios, pero mantiene mucha confusión, algo anda mal. Un hijo de Dios está en paz con todos (Romanos 12:18; Hebreos 12:14). ¿Es usted una persona pacífica? ¿Le gusta el desorden? La intención de Dios con la iglesia es que sea un modelo de *shalom* para el mundo.

Cuando el mundo lucha por encontrar la paz, ¿a dónde puede ir? ¿A quién puede acudir? ¿Dónde está el modelo de la paz? ¿Quién puede ser un modelo de paz para el mundo? ¿A quién puede acudir un grupo de personas de diferentes contextos, blancos o de color, judíos o gentiles, que estén unidos en paz por el Príncipe de paz? Solamente hay un lugar en donde esto sucede: la iglesia, donde el lobo mora con el cordero (Isaías 11:6; 65:25).

Esta es una imagen que representa la llegada del Príncipe de paz al corazón de la gente, a través de lo cual las personas pueden amar a quienes una vez odiaban. No podemos ser hijos de Dios si odiamos a la gente. La iglesia es un lugar donde podemos mostrarle al mundo cómo vivir en paz. Este es nuestro llamado, y por ello seremos bendecidos. ¡Bienaventurados son los hacedores de *shalom*!

A veces nos encontramos tan involucrados en contiendas que comenzamos a pensar que es normal tener problemas. Pero no lo es. Encomiende los días de su vida a que sean de paz y llenos de bendición y prosperidad. Declare bendición y prosperidad sobre su vecino, su familiar atribulado y sus compañeros de trabajo.

> Porque: El que quiere amar la vida y ver días buenos, refrene su lengua de mal, y sus labios no hablen engaño; apártese del mal, y haga el bien; busque la paz, y síguela.
> —1 Pedro 3:10-11

Algunos no sienten que están vivos a menos que enfrenten dificultades. Pero Jesús no murió para que usted viviera así. Podemos tener una vida plena, especialmente cuando refrena su lengua del mal. Cuide su boca. No chismee, discuta, pelee o provoque confusión. Y no ande con quienes se comportan así. Busque la paz. La paz es prosperidad. No podemos ser prosperados si no controlamos nuestra lengua. Una persona bendecida es alguien que sabe cuándo callar.

El reino de Dios es una comunidad de paz. Los salvos son personas pacíficas. Podemos no estar de acuerdo con alguien y aún ser pacíficos. Las disputas no pertenecen a la casa de Dios, o a la vida de su pueblo. Santiago 3:17 dice: "Pero la sabiduría que es de lo alto es primeramente pura, después pacífica, amable, benigna ("dispuesto a ceder", accesible) [paréntesis añadido por el autor], llena de misericordia y de buenos frutos, sin incertidumbre ni hipocresía".

Cuando caminamos en la sabiduría de Dios, escuchamos del cielo y la voz de Dios…cuando obtenemos sabiduría de lo alto y no sabiduría terrenal y carnal…cuando Cristo se convierte en nuestra sabiduría, usted entrará en la prosperidad. Uno de los beneficios de la sabiduría es la prosperidad. Proverbios 3:16 dice que las riquezas y honra están en la mano de los sabios. Los sabios y prósperos son los que buscan la paz.

> Bienaventurados los pacificadores, porque ellos serán llamados hijos de Dios.
>
> —Mateo 5:9

La gente próspera abandona una pelea y la confusión aun cuando no puedan presentar sus argumentos. Consideran que la contienda es perjudicial para su prosperidad. Ellos no le dan cabida en su vida. "Seguid la paz con todos…" (Hebreos 12:14).

La paz es uno de los frutos del Espíritu (Gálatas 5:22). Como hijos de Dios, la confusión y la contienda nos irritan y no van de acuerdo con nuestro espíritu. No podemos tolerarlo. No es *normal*. La iglesia debe ser la comunidad *shalom* de Dios.

> Si es posible, en cuanto dependa de vosotros, estad en paz con todos los hombres.
>
> —Romanos 12:18

La gente próspera es gente pacífica. Ellos son bendecidos. Tienen más que suficiente. Aman la vida y sus días son buenos. Son ciudadanos del reino celestial de Dios porque han sido redimidos de las maldiciones del pecado y de la muerte.

## ¿QUÉ TRAERÁ UN PACTO CON DIOS A SU VIDA?

> Bendito el Señor; cada día nos colma de beneficios. El Dios de nuestra salvación. *Selah*
>
> —Salmo 68:19

> Bendice, alma mía, a Jehová, y no olvides ninguno de sus beneficios.
>
> —Salmo 103:2

¿Qué pagaré a Jehová por todos sus beneficios para conmigo?

—SALMO 116:12

El bendecir significa "invocar el favor divino, conceder alegría, prosperidad o todo tipo de cosas buenas; para hacer que un pronunciamiento sea santo; consagrar, glorificar por los beneficios recibidos, ensalzar las excelencias".[2] Asimismo, una bendición es "una oración o deseo solemne que implora alegría sobre otra persona; una bendición; el acto de pronunciar una bendición; lo cual promueve prosperidad y bienestar…".[3] En el idioma hebreo, "bendecir" es la palabra *barak*, que significa "arrodillarse por implicación para bendecir a Dios como un acto de adoración, para alabar, saludar, agradecer…una postura de reverencia…"[4] Una vez más la palabra *bendecir* en hebreo es *berakah*, lo cual es "una bendición (el acto de invocar una bendición)".[5]

El Señor, por medio de su pacto, quiere derramar su bendición y beneficios sobre usted. Aquí hay algunas maneras en las que Él lo hará.

- El pacto de paz significa que sus hijos son enseñados acerca del Señor. Reclame esto para sus hijos y sus descendientes (Véase Isaías 54:13).
- Los miembros de su familia que están muy lejos, experimentarán la paz de Dios. La paz de Dios vendrá a las naciones. Las familias de la tierra experimentarán la paz de Dios (Véase Isaías 57:19).
- La paz de Dios fluirá en su vida como un río. La presencia (templo) de Dios se manifestará en su vida. La presencia de Dios traerá paz. Dios nos multiplica. La multiplicación es símbolo de la bendición de Dios (Véase Ezequiel 37:26).
- Cristo es nuestra paz (*shalom*). El pacto nuevo está cimentado en lo que Cristo hizo. Cuando la salvación (Cristo) llega a su vida, la bendición de paz (*shalom*) llega (Véase Efesios 2:14).

> ✦ El Señor le prosperará. Él se deleita en nuestra prosperidad. En otras palabras, Dios *quiere* que usted (su siervo) prospere (Véase Salmos 35:27; 122:17; y 147:14).

Como mencioné brevemente, la palabra *shalom* también es traducida como "prosperidad". Dios prospera a su pueblo. Nuestro pacto nos da el derecho de disfrutar la paz y la prosperidad del reino. No se conforme con nada menos que *shalom*. Este es su derecho del pacto. Reclámelo y camine en él hoy. El aumento de paz (*shalom*) no tiene fin.

> ✦ El pacto de paz de Dios trae sanidad y restauración (Véase Isaías 57:19).
>
> ✦ El pacto de Dios no solamente traerá paz, sino una abundancia de paz sobre su vida (Véase Salmo 37:11).
>
> ✦ El pacto de Dios hará que florezca (Véase Salmo 72:7).
>
> ✦ El pacto de Dios traerá gozo, paz, y canción (Véase Isaías 55:12).
>
> ✦ El pacto de Dios liberará su misericordia sobre su vida (Véase Deuteronomio 7:9; Nehemías 1:5 y 9:32; y Salmos 25:10; 89:3, 28; 106:45).
>
> ✦ El pacto de Dios liberará sobre usted su fidelidad, lealtad y firmeza (Véase Deuteronomio 7:9; Salmo 118:1, 5-6; 1 Corintios 1:9).

Dios es fiel. La fidelidad es una señal del pacto. Dios es siempre fiel a su pueblo y a sus promesas.

Dios siempre fue fiel a Israel a pesar de su infidelidad. Dios mantuvo su pacto con Abraham y trajo su semilla (Jesús) para bendecir a las naciones. Dios fue fiel a Israel y envió a Jesús a ellos primero para bendecirlos. Dios fue fiel a la casa de David y permitió que el hijo de David se sentara en su trono. El Señor perdurará para siempre con su pueblo del pacto.

De acuerdo al *Webster's Dictionary*, la palabra *firmeza* significa: "Firmemente fijado en un lugar, inmovible, inalterable". La palabra *sobrellevar* significa: "continuar, perdurar, permanecer firme ante el sufrimiento o la desgracia sin claudicar". La palabra *siempre* significa: "por un tiempo sin límites, en todo momento, continuamente, eternamente". Por lo tanto, el significado de cada una de estas palabras claves nos habla del amor poderoso, firme, confiable, tenaz y eterno de Dios.

## POR QUÉ USTED NECESITA ENTENDER EL PACTO

Cada creyente necesita una revelación de los beneficios de entrar en pacto con Dios. Entender el pacto es importante porque todas las bendiciones de la salvación están cimentadas en pactos. Dios trabaja por medio de pactos y recibimos de acuerdo a sus pactos. La fidelidad es la parte más importante de guardar un pacto. Es imposible para Dios mentir y romper un pacto.

Cuando un creyente entiende la fidelidad de Dios en mantener su pacto, puede confiar en su Palabra y en sus promesas.

Cada pacto tiene sus beneficios y bendiciones. La razón por la que la gente entra en pacto es debido a los beneficios que vienen como resultado. Hay muchos beneficios de estar bajo pacto que pueden ser resumidas en una palabra: *salvación*. La salvación es más que llegar al cielo. La salvación es liberación, sanidad, restauración, protección, libertad y bendición. La salvación de Dios viene por medio del pacto y un creyente necesita entender los muchos beneficios de la salvación.

Las personas bajo pacto tienen una relación especial entre sí y en nuestro caso es un pacto con Dios. Dios se convierte en nuestro Dios de pactos y existen varios beneficios en esta relación que personas fuera del pacto no tienen. Lo que sea que el compañero de pacto tenga está a su disposición cuando lo necesite. Eso incluye su poder, autoridad, amor, misericordia y protección.

En el próximo capítulo discutiré cómo entrar en pacto con Dios para aquellos que no han aceptado la medida completa de salvación y reafirmar aquellos que sí lo han aceptado.

## ORACIONES PARA UNA VIDA LLENA DE BENDICIONES

Señor, bendíceme y guárdame. Haz tu rostro resplandecer sobre mí y ten misericordia de mí. Señor, alza tu rostro sobre mí y dame paz (Números 6:24-26).

Hazme como a Efraín y Manasés (Génesis 48:20).

Sáciame de favores y lléname de tus bendiciones (Deuteronomio 33:23).

Señor, derrama tus bendiciones sobre mi vida.

Dame revelación y bendíceme.(Mateo 16:17).

Soy la semilla de Abraham por medio de Jesucristo y recibo la bendición de Abraham. Señor, bendíceme y multiplícame como las estrellas del cielo o como la arena del mar.

Haz descender tus lluvias de bendiciones sobre mi vida (Ezequiel 34:26).

Transforma en bendición cualquier maldición pronunciada en mi contra (Nehemías 13:2).

Que tu bendición me enriquezca (Proverbios 10:22).

Que todas las naciones me llamen bienaventurado (Malaquías 3:12).

Que todas la naciones me llamen bienaventurado (Lucas 1:48).

Soy hijo del Bendito (Marcos 14:61).

Vivo en el reino bendecido (Marcos 11:10).

Mis pecados son perdonados y soy bienaventurado (Romanos 4:7).

Señor, diariamente me colmas con beneficios (Salmo 69:19).

Soy escogido por Dios y soy bienaventurado (Salmo 65:4).

Mi simiente es bendita (Salmo 37:26).

Dame por heredad la tierra (Salmo 37:22).

Soy parte de una nación santa y soy bienaventurado (Salmo 33:12).

Señor, bendice mi final más que mi principio (Job 42:12).

Señor que tu presencia bendiga mi vida (2 Samuel 6:11).

Bebo de la copa de la bendición (1 Corintios 10:16).

Señor bendíceme y haz resplandecer tu rostro sobre mí, para que tu camino sea conocido en la tierra, y tu salvación sobre todas las naciones. Que aumenten los frutos de mi tierra y que los confines de la tierra te teman (Salmo 67).

Sé que me favoreces porque mis enemigos no triunfan sobre mí (Salmo 41:11).

## Oraciones para multiplicación y aumento

Desata toda limitación y restricción puesta en mi vida por cualquier espíritu maligno, en el nombre de Jesús.

Yo ato y echo fuera todo espíritu de serpiente pitón y constrictor, en el nombre de Jesús.

Bendíceme y ensancha mi territorio, que tu mano esté conmigo y líbrame del mal (1 Crónicas 4:10).

Echa fuera a mis enemigos y ensancha mi territorio (Éxodo 34:24).

Señor, tú has prometido ensanchar mi territorio (Deuteronomio 12:20).

Ensancha mi corazón para que pueda ir por el camino de tus mandamientos (Salmo 119:32).

Mi boca se ensanchó sobre mis enemigos (1 Samuel 2:1).

Ensancha mis pasos para que pueda recibir tu riqueza y prosperidad (Isaías 60:5-9).

Recibo liberación y ensanchamiento en mi vida (Ester 4:14).

El Señor aumentará más y más bendición sobre mí y mis hijos (Salmo 115:14).

Que tu reino y tu imperio se incrementen en mi vida (Isaías 9:7).

Hazme crecer en el conocimiento de Dios (Colosenses 2:19).

Señor, bendíceme y multiplícame (Isaías 51:2).

Multiplícame en abundancia (Génesis 30:43).

Hazme crecer con el crecimiento que da Dios (Colosenses 2:19).

Hazme crecer y abundar en amor (1 Tesalonicenses 3:12).

Aumenta mi grandeza y consuélame en todo aspecto (Salmo 71:21).

Déjame crecer en estatura y sabiduría (Lucas 2:52).

Aumenta mi fuerza y confunde a los adversarios (Hechos 9:22).

Que tu gracia y favor aumenten en mi vida.

Que se prolonguen los días de mi vida (Proverbios 9:11).

Que la Palabra de Dios crezca en mi vida (Hechos 6:7).

Bendíceme en todo lo que produzca (Deuteronomio 14:22).

Que aumenten mis ofrendas y mis diezmos
(Deuteronomio 14:22).

Que mi estado postrero sea muy grande (Job 8:7).

Hazme crecer en gracia y en el conocimiento de Jesucristo
(2 Pedro 3:18).

Floreceré como una palmera y creceré como un cedro en el
Líbano (Salmo 92:12).

Que mi fe crezca enormemente (2 Tesalonicenses 1:3).

El que abre caminos está delante de mí y abrirá camino
sobre toda limitación y barrera del enemigo (Miqueas 2:13).

Señor, tú eres el Dios de progreso. Tú has quebrantado a
mis enemigos (2 Samuel 5:20).

Mis ramas crecen sobre todo muro creado por el enemigo
(Génesis 49:22).

Puedo desbaratar ejércitos y saltar muros (Salmo 18:29).

Que mi linaje vaya por toda la tierra y mis palabras hasta el
extremo del mundo (Salmo 19:4).

Soy heredero junto con Jesucristo. Dame por herencia las
naciones y como posesión los confines de la tierra
(Salmo 2:8).

# Capítulo 2
# ENTRAR EN PACTO CON DIOS

*De igual manera, después que hubo cenado, tomó la copa, diciendo:*
*Esta copa es el nuevo pacto en mi sangre, que por vosotros se derrama.*

—Lucas 22:20

L A BIBLIA ES un libro de pacto que revela un Dios de pacto. La lealtad y la fidelidad de Dios al pacto es uno de los temas más importantes de las Escrituras. Dios no puede romper el pacto. Dios es fiel y leal a su pueblo.

Podemos confiar y depender del pacto de Dios porque Él está comprometido con sus promesas. Cuando Dios jura no puede jurar por alguien mayor que Él, sino que jura por sí mismo.

> Porque cuando Dios hizo la promesa a Abraham, no pudiendo jurar por otro mayor, juró por sí mismo.
> —Hebreos 6:13

Esto significa que por completo podemos confiar en, contar con, y depender de, nuestro pacto con Dios.

Un pacto bíblico es un acuerdo, generalmente entre Dios y el hombre. Las estipulaciones de tal acuerdo demandan lealtad absoluta como indicado en el primer mandamiento: "No tendrás dioses ajenos delante de mí" (Éxodo 20:3; Deuteronomio 5:7).

Un pacto (01285) (berit/berith/beriyth) significa tratado, convenio, acuerdo entre dos partes (utilizado por primera vez en el pacto de Dios con Noé, en Génesis 6:18; 9:9-17). Como discutido, *beriyth* se describe como un corte de carne donde las partes pasan por en medio del cuerpo sacrificado. El pacto es un acuerdo solemne y vinculante entre dos partes e implica una variedad de responsabilidades, beneficios y penalidades dependiendo del pacto específico.

Dios entra en pacto con los hombres. Esto es una verdad que nos hace humildes y nos enseña. El hecho de que el Gran Dios entrara en una relación con los hombres a través de un pacto es maravilloso. Los propósitos de Dios siempre se realizan a través de un pacto. El pacto de Dios con Abraham fue establecido con el propósito de traer salvación y bendición a las naciones. El pacto de Dios con Israel también fue para este propósito: para traer al Mesías al mundo.

## SOLAMENTE HAY UN CAMINO HACÍA LA PAZ VERDADERA

En Isaías 54 Dios le promete a su pueblo un pacto de paz (*shalom*): "Porque los montes se moverán, y los collados temblarán, pero no se apartará de ti mi misericordia, ni el pacto de mi paz se quebrantará, dijo Jehová, el que tiene misericordia de ti" (Isaías 54:10). Pero Israel nunca caminó en ese pacto de paz consistentemente porque continuaban violándolo. El mayor periodo de *shalom* sucedió bajo el rey Salomón cuyo nombre de hecho significa: paz. Él fue el rey más próspero de Israel. Durante un periodo de cuarenta años Israel vivió bajo esa promesa de *shalom*. Pero entonces Salomón se casó con otras esposas y tomó parte en la idolatría y hubo una brecha o una ruptura en el pacto que Dios había establecido.

La paz y *shalom* provienen de Dios. Solamente Él la puede dar y quitar. También tenemos la opción de ser bendecidos por caminar en pacto con Él o de desactivarlo por no caminar en pacto con Él.

> Que formo la luz y creo las tinieblas, que hago la paz y creo la adversidad. Yo Jehová soy el que hago todo esto.
> —ISAÍAS 45:7

Cuando usted abandona a Dios y rompe su pacto, Dios retirará su *shalom* y permitirá el desastre. El enemigo entrará a su tierra y lo destruirá a usted.

La espada vendrá a la tierra y la prosperidad será destruida. Vemos que esto es verdad con relación a la experiencia de los israelitas a lo largo del libro de los Jueces. Pero Dios enviará advertencias y corrección. Comenzó a enviar profetas o "mensajeros de su pacto" al pueblo con el que había pactado para advertirles sobre su violación del pacto y darles la oportunidad de arrepentirse antes de que la ira divina del pacto cayera sobre ellos. Los profetas dijeron en repetidas ocasiones que no hay paz para los malos.

Si un profeta le dice que usted tendrá una vida de paz y usted está violando la Palabra de Dios—su pacto—el profeta está mintiendo, porque usted no experimentará paz o prosperidad si no está viviendo en el pacto con Dios. Cuando alguien es malo e injusto, no está en paz. No se deje engañar.

Dios le prometió a Israel que si guardaban sus mandamientos les daría ese *shalom*. Pero no escucharon. No obstante, Dios tenía un plan que restauraría a Israel, si ellos querían. Y su plan se extendería a toda la humanidad.

En Jeremías 31:31-34 Dios le dijo a las personas que no podrían experimentar su paz bajo el antiguo pacto porque ellos seguían rompiéndolo. Él aludía al hecho de que solamente podrían experimentar la verdadera paz de Dios a través del Mesías. El Mesías vendría a hacer un nuevo pacto. Él predicó las buenas nuevas del reino.

La única manera en que usted puede experimentar el verdadero *shalom* de Dios es a través de su Hijo, el príncipe de paz (Isaías 9:6). Jesús predicó el "evangelio de paz" (Romanos 10:15; Efesios 6:15), o el evangelio del *shalom*, el evangelio del reino. Así que tenemos que arrepentirnos y recibir el evangelio de la paz.

Usted está bajo un nuevo pacto cuando acepta el sacrificio de Cristo por usted y sujeta su vida bajo la autoridad de Dios. Pero cuando rechaza a Cristo y su sacrificio, usted rechaza su nuevo pacto y el mismo *shalom* que busca, así como los hijos de Israel lo rechazaron cuando vino. En Lucas 19:41-42 Jesús lloró sobre Jerusalén porque sabía que si lo rechazaban no experimentarían *shalom*, sino que experimentarían la espada. Él sabía que el enemigo construiría una trinchera a su alrededor y los asediaría por todos lados y que no dejaría piedra sobre piedra. Guerra, hambre, pobreza, pestilencia y muerte era lo que venía.

Cuando usted rechaza a Jesús, usted rechaza su única esperanza de paz y prosperidad.

## JESÚS ES NUESTRO PACTO

Al Jesús venir a la tierra y traer salvación y liberación, vemos la personificación de la fidelidad de Dios. Desde los tiempos de Abraham, Isaac y Jacob, a través de Moisés, David, y los profetas, Dios había prometido enviar un libertador. Su nombre era Jesús, "porque él salvará a su pueblo de sus pecados" (Mateo 1:21).

Es por esto que en los Evangelios vemos a personas acercase a Jesús con sus situaciones, y decían: "Hijo de David, ten misericordia de mí". Ellos entendían que cuando el Mesías—el Hijo de David—vino, Él extendería la misericordia de Dios a Israel y los salvaría de todos sus problemas. Lo vemos en el profeta Zacarías, el padre de Juan el Bautista, en Lucas 1:67-75 (énfasis añadido):

> Bendito el Señor Dios de Israel que ha visitado y redimido a su pueblo, y nos levantó un poderoso Salvador en la casa de David su siervo, como habló boca de sus santos profetas que fueron desde el principio; salvación de nuestros enemigos, y de la mano de todos los que nos aborrecieron; *para hacer misericordia con nuestros padres, y acordarse de su santo pacto;* del juramento que hizo a Abraham nuestro padre, que nos había de conceder que, librados de nuestros enemigos, sin temor le serviríamos en santidad y en justicia delante de él, todos nuestros días.

Aquí Zacarías declaró que el Mesías había venido e Israel vería por medio de Jesús la manifestación más grande de la fidelidad y la misericordia de Dios que el hombre jamás había conocido: la salvación. Su encarnación fue la manifestación de salvación y redención eterna. Así que, no solo Él haría milagros para Israel, sino que también aseguraría su redención, salvación, perdón eterna y los traería al reino.

## LA SALVACIÓN VIENE A LOS GENTILES
## A TRAVÉS DEL NUEVO PACTO

Contrario a lo que nos podríamos dar cuenta, Jesús no fue un ministro para todos. Su propósito principal era cumplir con las promesas del pacto de Dios hechas a Abraham y a Israel, para confirmarlas, para cumplirlas, para extenderle su misericordia a Israel y para salvar al remanente. Jeremías 31:31-34 dice:

> He aquí que vienen días, dice Jehová, en los cuales haré nuevo pacto con la casa de Israel y con la casa de Judá. No como el pacto que hice con sus padres el día que tomé su mano para sacarlos de la tierra de Egipto; porque ellos invalidaron mi pacto, aunque fui yo un marido para ellos, dice Jehová. Pero este es el pacto que haré con la casa de Israel después de aquellos días, dice Jehová: Daré mi ley en su mente, y la escribiré en su corazón; y yo seré a ellos por Dios, y ellos me serán por pueblo. Y no enseñará más ninguno a su prójimo, ni ninguno a su hermano, diciendo: Conoce a Jehová; porque todos me conocerán, desde el más pequeño de ellos hasta el más grande, dice Jehová; porque perdonaré la maldad de ellos, y no me acordaré más de su pecado.

Él no vino a ministrarles a los judíos y gentiles. Cuando los gentiles venían a Él para ser ministrados, Él se impresionaba por su fe.

Vemos esto probado en la historia de la mujer gentil quien vino a Jesús y le pidió que sanara a su hija. Jesús dijo: "No soy enviado sino a las ovejas perdidas de la casa de Israel...No está bien tomar el pan de los hijos, y echarlo a los perrillos" (Mateo 15:24-26). Esto no parece ser una respuesta compasiva o misericordiosa, llamar a alguien un perrillo. Ella persistió y dijo: "Sí, Señor; pero aun los perrillos comen de las migajas que caen de la mesa de sus amos" (v. 27). Básicamente ella estaba diciendo: "Yo no quiero lo que le pertenece al pueblo de Dios. Solo quiero lo que ellos no quieren". Entienda que Dios pudo haber sanado y liberado a todos en Israel, pero Israel no estaba tomando todo lo que Dios tenía. Así que había algunas migajas disponibles. Las migajas son lo que sobra. Como Israel había dejado atrás mucho de lo que Dios tenía para ellos, Jesús sanó a su hija.

La genta quizá no entiende por qué Jesús le respondió así. Usted tiene que recordar que ella era gentil y no estaba bajo un pacto con Dios. Ella no tenía el derecho de clamar por misericordia. Ella no tenía pacto, ninguna relación con Dios. La misericordia está conectada con el pacto. Cuando usted tiene un pacto con Dios, puede recibir misericordia. La misericordia está disponible para usted.

Miremos otra historia en Lucas 17:12-18:

> Y al entrar en una aldea, le salieron al encuentro diez hombres leprosos, los cuales se pararon de lejos y alzaron la voz, diciendo: ¡Jesús, Maestro, ten misericordia de nosotros! Cuando él los vio, les dijo: Id, mostraos a los sacerdotes. Y aconteció que mientras iban, fueron limpiados. Entonces uno de ellos, viendo que habían sido sanados, volvió, glorificando a Dios a gran voz, y se postró rostro en tierra a sus pies, dándole gracias; y éste era samaritano. Respondiendo Jesús, dijo: ¿No son diez los que fueron limpiados? Y los nueve, ¿dónde están? ¿No hubo quien volviese y diese gloria a Dios sino este extranjero?

Creo que esta historia del leproso samaritano que regresó a dar gracias está en la Biblia para mostrar que Israel recibió mucha misericordia de Dios, pero no la apreció. El samaritano (un gentil) estaba agradecido. Los de afuera están más agradecidos que los de adentro. Los de adentro lo dan por sentado. El samaritano volvió y le agradeció a Jesús. Estaba contento de haber sido sanado. Él entendió que no era judío, que no estaba en el pacto, pero aun así fue sanado. Los otros nueve siguieron felices su camino. Muchos de los que están en el pacto a menudo no son agradecidos por la misericordia de Dios. La dan por sentada.

Solamente el remanente de la casa de Israel recibió el ministerio de Jesús y su cumplimiento del pacto. El resto de Israel endureció su corazón. Así que Dios extendió su misericordia a los gentiles. ¡Esos somos nosotros! Seremos salvos. Seremos sanos. Seremos libres. Siempre fue el plan de Dios que su misericordia se extendiera a las naciones o a los gentiles. Romanos 15:8-9: "Pues os digo, que Cristo Jesús vino a ser siervo de la circuncisión para mostrar la verdad de Dios, para confirmar las promesas hechas a los padres, y para que los gentiles glorifiquen a Dios por su misericordia". Pero recuerden que la misericordia está conectada con el pacto. Para que los gentiles recibieran la misericordia de Dios, Dios tuvo que hacer un nuevo pacto.

La noche de Pascuas, Jesús se sentó con sus discípulos y tomó el pan y la copa y dijo: "Esta copa es el nuevo pacto en mi sangre, que por vosotros se derrama" (Lucas 22:20). Él hizo un nuevo pacto con esos doce hombres, el nuevo Israel de Dios. Ahora a través de Cristo todos hemos entrado en un nuevo pacto con Dios. De modo que todos los que fueron salvos en Israel fueron salvos mediante este nuevo pacto. Entonces los gentiles se conectaron con el pacto y comenzaron a recibir misericordia. Como tenemos un pacto a través de la sangre de Jesús y somos creyentes, ¡Dios nos extiende su misericordia!

## ORACIONES PARA ACTIVAR EL PACTO DE DIOS EN SU VIDA

*Shalom*, prosperidad, y paz me pertenecen por medio de Jesucristo.

Soy un santo de Dios.

Soy un hijo de Dios.

Tengo un pacto con Dios.

Mi pacto es un pacto de paz, prosperidad y bendición.

Yo camino en el pacto todos los días de mi vida.

Yo disfruto *shalom*, prosperidad, paz y seguridad todos los días de mi vida.

Yo caminaré en el pacto.

Yo seré fiel al pacto por medio de la sangre de Jesús.

Yo tengo un pacto de *shalom*, paz y prosperidad, en mi vida.

Señor, tú mantienes pacto y misericordia con aquellos que te aman y guardan tus mandamientos (Éxodo 20).

Señor, tú bendices a aquellos quienes obedecen tu voz y guardan tu pacto.

Señor, tomo tu pacto a través de tu muerte y sacrificio. Escojo la vida (bendición) (Deuteronomio 30:19).

Que tus bendiciones vengan sobre mí y me arropen (Deuteronomio 28:2).

Permíteme ser bendecido en la cuidad y en el campo (Deuteronomio 28:3).

Que los frutos de mi cuerpo sean bendecidos y todos los frutos de mi trabajo (Deuteronomio 28:4).

Que mi canasta y tienda sean bendecidas (Deuteronomio 28:5).

Bendice mi entrada y mi salida (Deuteronomio 28:6).

Que los enemigos de mi alma huyan por siete caminos delante de mí (Deuteronomio 28:7).

Envía tu bendición sobre mis graneros y sobre todo aquello en que ponga mi mano y bendice mi tierra (Deuteronomio 28:8).

Establéceme como una persona santa delante de ti, Señor (Deuteronomio 28:9).

Que todos los pueblos vean que tu nombre es invocado sobre mí (Deuteronomio 28:10).

Hazme sobreabundar en bienes (Deuteronomio 28:11).

Abre sobre mí tu buen tesoro y que la lluvia del cielo caiga sobre mi vida y bendiga la obra de mis manos (Deuteronomio 28:12).

Permíteme prestar (dar) a muchas naciones y no pedir prestado (Deuteronomio 28:12).

Ponme por cabeza y no por cola (Deuteronomio 28:13).

Permíteme estar encima y no debajo (Deuteronomio 28:13).

# CAPÍTULO 3
# CAMINAR EN EL FAVOR DE DIOS

*Vida y misericordia me concediste, y tu cuidado guardó mi espíritu.*

—JOB 10:12

¡QUÉ BENDICIÓN ES tener vida y favor! El Señor bendice a su pueblo con vida y favor. La vida y el favor son regalos de Dios. Esto es porque Él es generoso. Él es el Señor, el Señor Dios, misericordioso y generoso (Éxodo 34:6). El favor se otorga a aquellas personas que están bajo pacto con Dios y nos da la medida adicional para alcanzar el éxito mientras llevamos a cabo aquello que Él nos ha llamado a hacer.

El *favor* significa "gracia"; "aquello que ofrece gozo, placer, deleite, dulzura, carisma, belleza" y "buena voluntad, beneficio, abundancia, recompenza".[1] Si usted busca las definiciones en hebreo y griego de prosperidad, encontrará que muchas de las palabras que encontrará también se utilizan para definir favor.

El favor es buena voluntad. Es la bondad y la benevolencia de Dios hacia aquellos que lo aman. El favor producirá grandes bendiciones, entre ellas prosperidad, salud, oportunidades, y avance. La Biblia registra varios ejemplos del favor de Dios sobre su pueblo que les permitía experimentar numerosos avances. El favor es la misericordia de Dios. Anhelo que obtenga la revelación completa de todo lo que significa para usted el pacto de paz de Dios.

La paz (*shalom*) de Dios—favor, gracia, misericordia, bendición, bondad, gozo, prosperidad, salud, oportunidad y progreso—puede venir sobre su vida. Dios desea traer a usted su *shalom* en todos los sentidos.

Otras definiciones de favor son "trato preferencial", "ser parte de", "hacer más fácil", "apoyar", "realizar un acto de bondad", "favoritismo; buena voluntad; agrado".

Los sinónimos de favor son preferencia, agrado, aprobación, respaldo, apoyo, inclinarse hacia, honor, ser parcial; conceder favores, impulsar, promover, tratar con parcialidad, mostrar consideración, hacer excepción, dar trato como a un personaje especial, utilizar la influencia de uno.

Esto es lo que hará Dios por usted. Usted puede vivir su vida con asistencia e intervención divina. Usted puede disfrutar el estatus de "hijo predilecto". Hay beneficios tremendos que vienen con el favor de Dios. Para disfrutar de estos beneficios, usted tiene que aprender cómo entrar en el favor de Dios.

## NIVELES DE FAVOR

Antes de que le comparta cómo entrar en el favor de Dios, quiero que sepa que usted ya tiene favor con Dios. Si usted es salvo, usted está en pacto con Dios y consecuentemente ha recibido favor. Su salvación viene del favor de Dios. Sin embargo, hay diferentes niveles de favor. Usted puede crecer en favor.

> Y Jesús crecía en sabiduría y en estatura, y en gracia para con Dios y los hombres.
> —LUCAS 2:52

Jesús creció en favor con Dios y el hombre. Usted también puede crecer en favor con Dios y el hombre. Usted no debe quedarse en el mismo nivel de favor. Existen extensos niveles de favor disponibles para que usted experimente.

> Y abundante gracia era sobre todos ellos.
> —HECHOS 4:33

La gracia, como describí previamente, es lo mismo que favor. En griego es la palabra *charis*, que significa favor.[2] Tenemos favor, pero también existe *gran* favor. Queremos entrar en la dimensión de gran favor.

> ...mucho más reinarán en vida por uno solo, Jesucristo, los que reciben la abundancia de la gracia y del don de la justicia.
>
> —ROMANOS 5:17

Hay gracia (favor) en abundancia. Aquellos que reciben favor en abundancia reinarán en vida con Jesucristo. Queremos poder entrar en el terreno de la abundancia de favor. Dios es un Dios de abundancia. Él puede hacer todas las cosas mucho más abundantemente de lo que pedimos o entendemos (Efesios 3:20).

> Gracia y paz os sean multiplicadas, en el conocimiento de Dios y de nuestro Señor Jesús.
>
> —2 PEDRO 1:2

El favor puede multiplicarse. Usted puede recibir gracia en abundancia a través de una multiplicación en su vida. Usted puede experimentar un aumento de gracia en su vida por medio de la multiplicación. Queremos entrar en la dimensión de favor donde el favor nos es multiplicado.

No limite el favor que puede experimentar en su vida. El favor de Dios no tiene límites. Debemos continuar aumentando en favor. Entre más favor usted reciba y experimente, más milagros y avivamientos verá. A usted se le abrirán más puertas. Usted verá más milagros financieros.

Habrá una generación de creyentes que caminarán en mayor favor que la generación anterior. Dios está derramando una abundancia de gracia (favor) sobre la tierra. Es hora de que la iglesia reciba y viva en esta abundancia.

Esta generación caminará en niveles de favor que otros jamás han experimentado. ¡Prepárese para recibir y caminar en niveles de favor que nunca antes había experimentado!

> Nunca se aparten de ti la misericordia y la verdad; átalas a tu cuello, escríbelas en la tabla de tu corazón; y hallarás gracia y buena opinión ante los ojos de Dios y de los hombres.
>
> —PROVERBIOS 3:3-4

## La misericordia y la compasión incrementan el favor de Dios

Hay maneras para hacer crecer el favor de Dios en su vida. Una de las maneras es caminar en misericordia y verdad. En hebreo, la palabra misericordia es *checed*, que significa bondad y piedad. También significa favor. En otras palabras, mientras muestre favor con otros, usted cosechará favor. Esto simplemente es la ley de la siembra y la cosecha. Mientras usted es bondadoso y muestra piedad y misericordia, usted recibirá favor. Tener piedad significa tener compasión. Esto es ocuparse y ayudar a otros.

Las personas egoístas no caminan bajo el favor. Un corazón endurecido detendrá el fluir del favor de Dios. Porque la iniquidad ata, el amor de muchos se enfriará (Mateo 24:12). Usted no puede darse el lujo de detener sus actos de compasión y esperar caminar en el favor de Dios (1 Juan 3:17).

> …es clemente, misericordioso y justo. El hombre de bien tiene misericordia, y presta; gobierna sus asuntos con juicio…reparte, da a los pobres…
> —Salmo 112:4-5, 9

Este es un ejemplo de una persona que camina en el favor del Señor. Él siembra favor y cosecha favor. El favor se multiplica en su vida por medio de la ley de la siembra y la cosecha. Él tiene piedad de los pobres y da. Él es misericordioso y compasivo. Dios favorece a aquellos que favorecen a otros.

## La fidelidad hace crecer el favor de Dios

En hebreo, la palabra verdad es *emeth*, y significa estabilidad, seguridad, y confianza. Ser confiado significa fiable. ¿Es usted fiable? ¿Otras personas pueden contar con lo que usted dice? ¿Hace lo que dice? Estas son las preguntas que usted debe hacerse. Si usted desea tener favor con Dios y los hombres, usted debe ser confiable. Usted debe ser fiel. Ser fiel significa ser digno de confianza y credibilidad.

> Y puso Dios a Daniel en gracia y en buena voluntad con
> el jefe de los eunucos.
> —Daniel 1:9

> Daniel, varón muy amado.
> —Daniel 10:11

> Entonces los gobernadores y sátrapas buscaban ocasión
> para acusar a Daniel en lo relacionado al reino; mas no
> podían hallar ocasión alguna o falta, porque él era fiel,
> y ningún vicio ni falta fue hallado en él.
> —Daniel 6:4

Daniel fue un hombre que caminó en el favor de Dios. Él tuvo favor con Dios y con los hombres. Él fue muy querido. Note que él también fue un hombre fiel. Esto era clave para que Daniel recibiera tanto favor.

> Así halló José gracia en sus ojos.
> —Génesis 39:4

Lo mismo es cierto acerca de José. Él fue confiable. Él no pecó con la esposa de su amo porque era fiel. Él sabía que su amo le confiaba toda su casa. Él no pecó con la esposa de Potifar aun cuando ella lo presionaba diariamente.

Si usted no ha sido confiable, entonces arrepiéntase y comience a mantener su palabra. Sea fiel a la casa de Dios. Sea un empleado fiel. Sea puntual en su trabajo. Sea confiable en el trabajo. Sea confiable en todas sus relaciones. Sea fiel a su cónyuge. El favor de Dios comenzará a fluir en su vida. Haga los cambios necesarios y verá el fluir del favor de Dios.

Condúzcase en misericordia y verdad. Sane a los enfermos. Eche fuera los demonios. Dele de comer al hambriento. Vista al desnudo. Estos son ejemplos del ministerio de misericordia.

Predique la verdad. Enseñe la verdad. No comprometa la Palabra de Dios. La Palabra de Dios es la verdad (Juan 17:17). ¡Sea un hacedor de la Palabra! ¡Defienda la verdad!

Sea honrado. No mienta. No viva un estilo de vida de hipocresía. Estas cosas cortarán el fluir del favor de Dios en su vida.

No siga falsas enseñanzas. Manténgase conectado a la verdad. Siga la sana doctrina.

Viva una vida honesta ante Dios y los hombres (2 Corintios 8:21). La honestidad causará que el favor de Dios venga sobre su vida. Dios ama la honestidad. La honestidad es verdad y sinceridad.

> La gracia sea con todos los que aman a nuestro Señor Jesucristo con amor inalterable. Amén.
> —Efesios 6:24

El favor se les otorga a aquellos que son sinceros en su caminar con Dios. Ser sincero significa ser genuino sin hipocresía o pretensión. ¿Es usted sincero en su caminar con Dios? Si su respuesta es sí, entonces espere que el favor de Dios venga a su vida.

## La generosidad hace crecer el favor

Dar es otra manera de entrar en el favor de Dios. "El hombre de bien tiene misericordia, y presta" (Salmo 112:5). La generosidad es una de las maneras en que usted muestra su favor hacia otros. Quiero enfatizar un tipo de dar que multiplicará el favor en su vida de una manera que usted quizá nunca había experimentado antes. Este tipo de generosidad lo llevará a una dimensión de favor que otro tipo de dar no puede.

> Dios, por su parte, tiene poder para colmarlos [sobreabunde] de bendiciones [favor] de modo que, siempre y en cualquier circunstancia, tengan ustedes lo necesario y hasta les sobre para que puedan hacer toda clase de buenas obras. Así lo dice la Escritura: *Repartió con largueza* a los necesitados, su generosidad permanece para siempre.
> —2 Corintios 9:8-9, blph
> (énfasis añadido por el autor)

Enfaticé la palabra "repartió con largueza". Hace unos años, Dios retó nuestro ministerio para que comenzáramos a sembrar en otras naciones. Él quería dispersarnos a las naciones. Hay una abundancia de favor que se desata en nuestro ministerio y que se dispersa a las naciones. Dios le enviará favor que "sobreabunde". Este es el significado literal de *abundar* en griego. Vendrá una sobreabundancia de favor.

Muchos creyentes nunca han experimentado este nivel de favor. Este favor está disponible a todos los que reparten con largueza. Extender misericordia y dar a las naciones pobres es la manera de entrar a esta dimensión de favor.

Se desatará una abundancia de favor financiera en la vida de aquellos que reparten con largueza. Dios multiplicará las semillas sembradas. Así es cómo usted puede entrar en la dimensión de la multiplicación. La multiplicación siempre trae abundancia.

La tacañería detendrá el fluir del favor en su vida. Usted no puede ser tacaño y tener una vida de favor abundante. Las personas generosas reciben favor. "Dad, y se os dará; medida buena, apretada, remecida y rebosando darán en vuestro regazo" (Lucas 6:38). Los hombres darán en vuestro regazo. Habrá tanto favor hasta que sus finanzas sobreabunden. Esto es una abundancia de favor. Queremos caminar y vivir en el nivel de "favor abundante".

## MAYOR GRACIA (FAVOR)

> Y con gran poder los apóstoles daban testimonio de la resurrección del Señor Jesús, y abundante gracia era sobre todos ellos.
> —HECHOS 4:33

*Gran* en griego significa *megas*. De aquí es donde adquirimos la palabra *mega*. En otras palabras, ellos tenían mega gracia. Mega significa grande. También significa "un millón". Existen megabytes, megadosis y megahercio. La implicación siempre es de algo grande. Queremos entrar en esta dimensión de megafavor.

La unción de los apóstoles liberaba gran favor. Era parte de la iglesia apostólica. No existe escases cuando hay este nivel de favor.

> Gracias doy a mi Dios siempre por vosotros, por la gracia de Dios que os fue dada en Cristo Jesús; porque

en todas las cosas fuisteis enriquecidos en él, en toda palabra y en toda ciencia; así como el testimonio acerca de Cristo ha sido confirmado en vosotros, de tal manera que nada os falta en ningún don, esperando la manifestación de nuestro Señor Jesucristo.

—1 Corintios 1:4-7

Esto es gran favor. Cuando camina en la dimensión del favor, sus talentos no se quedarán atrás. Usted será enriquecido en todo. Enriquecer significa hacer rico. Y ser rico significa tener provisión abundante. Esto es un nivel de favor que desata abundancia.

Los apóstoles desataban gracia cuando le escribían a la iglesia. Esto es parte del ministerio apostólico. Los apóstoles tienen una unción sobre sus vidas u otros talentos ministeriales para desatar favor en el cuerpo de Cristo. El favor y apostolado están conectados (Romanos 1:5).

Mientras más apostólica se conviertan sus iglesias, más crecimiento en favor experimentarán. Este es el tiempo de Dios restaurar el ministerio apostólico en la iglesia. Hoy la iglesia recibe nuevamente el ministerio apostólico. Los apóstoles son aceptados, nuevamente. Mediante la ministración de los apóstoles verdaderos, veremos el favor de Dios desatarse sobre la iglesia. Esto ya lo vemos hoy. Este es el tiempo del favor de Dios. El año del favor de Dios ha llegado.

Te levantarás y tendrás misericordia de Sion, porque es tiempo de tener misericordia de ella, porque el plazo ha llegado.

—Salmo 102:13

Vivimos en una era apostólica. Es el tiempo de favor. Dios está haciendo cosas asombrosas en este tiempo. Dios está obrando de manera que no lo creeríamos si nos contaran (Habacuc 1:5). Es un tiempo establecido. Esto significa que es un tiempo decretado por el Padre. El enemigo no lo puede detener. Es importante que usted lo crea y reciba el favor de Dios.

## El favor se multiplica a través del conocimiento, la sabiduría y el entendimiento

Gracia (favor) y paz os sean multiplicadas, en el conocimiento de Dios y de nuestro Señor Jesús.

—2 Pedro 1:2

(paréntesis añadido por el autor)

El favor es multiplicado a través del conocimiento de Dios y de Jesús nuestro Señor. Esto significa que mientras crecemos en el conocimiento de Dios y el Señor Jesús, también crecemos en favor. Así es como se multiplica el favor, por medio del conocimiento. Siempre les exhorto a los santos que estudien. Lea buenos libros. Aprenda acerca de los asuntos de Dios. Crezca en sabiduría. Pase tiempo con personas sabias. Cuando usted crece en sabiduría, también crece en favor.

Atended el consejo, y sed sabios, y no lo menospreciéis.

—Proverbios 8:33

Esto es sabiduría. La sabiduría desata el favor. Necesitamos sabiduría. Es algo que debe ser primordial. Necesitamos sabiduría, conocimiento y entendimiento. El buen entendimiento da gracia (Proverbios 13:15). Hablaremos más acerca de la sabiduría en el próximo capítulo.

Ahora vamos a relacionar el conocimiento, la sabiduría, y el entendimiento al ministerio apostólico. Los apóstoles son enviados por Dios para traerle revelación a la iglesia (Efesios 3). Ellos ayudan a la iglesia a caminar en la multiforme sabiduría de Dios (Efesios 3:10). La sabiduría de Dios es multiforme. Esto significa que es multifacética. La sabiduría de Dios cubre cada área de su vida. No se limita a una sola revelación.

Dios tiene muchas características distintas. El conocimiento de Dios significa que usted conoce a Dios en sus dimensiones multiformes. Significa que usted entiende las características apostólicas, proféticas, evangelísticas, pastorales y de enseñanza de Dios.

Usted debe entender la sanidad, liberación, prosperidad, fe, amor, alabanza, adoración, santidad y todas las otras verdades reveladas a la iglesia por medio del Espíritu Santo. Mientras usted crece en conocimiento, el favor se multiplicará en su vida.

La ignorancia detiene el fluir del favor. No se quede ignorante. Estudie, lea y aprenda. Escuche buenos mensajes. Preste atención en la iglesia donde la Palabra de Dios se enseña. Pase tiempo con personas que conocen a Dios. El conocimiento es un espíritu (Isaías 11:2). El espíritu de conocimiento le será impartido a medida que usted se afilie con personas que verdaderamente conocen a Dios.

Queremos entrar en la dimensión de favor donde este se multiplique. La multiplicación provoca tremendo crecimiento en su vida. Multiplicarse significa crecer en cantidad, número o grado. Este es el deseo de Dios para usted. Él quiere multiplicar su favor en su vida. Cuando usted crece en conocimiento, Él multiplicará su favor.

Cuando el favor se multiplica, usted comenzará a tener abundancia de favor y las obras de sus manos serán fructíferas. Es entonces cuando usted podrá reinar en vida. El favor es necesario para reinar. David pudo reinar gracias al favor de Dios. Él derribó cada obstáculo por el favor de Dios.

> Porque tú eres la gloria de su potencia, y por tu buena voluntad acrecentarás nuestro poder.
> —Salmo 89:17

El favor trae exaltación. Trae promoción y honor.

> …implorarán tu favor los ricos del pueblo.
> —Salmo 45:12

Pídale favor a Dios. No hay razón por la cual no pueda pedirlo. Pida favor en su empleo. Pida favor en su ministerio. Pídale favor a Dios en sus negocios y relaciones familiares. Dios se deleita en dar su favor. Si el rico suplica por el favor de Dios, ciertamente el pobre también puede. Pida el favor de Dios en cualquier área de escasez en su vida. El favor cambiará su vida.

El favor provocará avances en su vida. El favor desatará sus finanzas. El favor desatará propiedades. El favor abrirá nuevas puertas.

## EL FAVOR ALCANZA AL HUMILDE

> Pero él da mayor gracia. Por esto dice: Dios resiste a los soberbios, y da gracia (favor) a los humildes.
>
> —SANTIAGO 4:6
> (PARÉNTESIS AÑADIDO POR EL AUTOR)

El favor alcanza al humilde. Aquellos que reconocen sus necesidades y piden: reciben. El orgullo interrumpirá el fluir del favor de Dios en su vida.

La humildad es necesaria para operar en el favor de Dios. Mientras usted se humille y suplique por el favor de Dios, Él le concederá más favor. Repita las confesiones al final de este capítulo. Comience a entrar en el favor de Dios a través de la oración, humildad, generosidad, misericordia, verdad, y conocimiento. Reciba y camine en la abundancia del favor todos los días de su vida.

## MI EXPERIENCIA CON EL FAVOR

Yo nací en Chicago y pasé gran parte de mi niñez viviendo en una calle pequeña de la cuidad hasta que me casé. Nunca me había mudado de esta área pequeña. Nunca había estado en un avión.

Mi madre era una católica italiana, pura siciliana. Ella amaba al Papa; ella amaba la iglesia católica. Ella era italiana. Mis abuelos eran de Sicilia. Cuando digo que ella era italiana y católica, me refiero a que cuando el Papa visitó Chicago, mi madre lloró. Ella dijo: "Ay, tan solo míralo...". Yo me acababa de convertir y dije: "Mamá, él no es más santo que yo". Ella respondió, casi llorando: "Cuidado con lo que dices, Johnny. Cómo te atreves. Él es un hombre santo. Él ha entregado su vida entera a Dios y tú tan solo has comenzado a leer la Biblia".

Mi madre era soltera, y claro está, ella quería que yo fuera a una escuela católica, así que de alguna manera reunió el dinero suficiente para enviarme a la escuela católica *Holy Angels*. Asistí a la escuela católica desde el kínder hasta el octavo grado. Yo tenía que vestir un uniforme que llevaba un lazo en el cuello. Recuerdo que nos permitían salir de la escuela a las 3:00 p. m., quince minutos antes de que la escuela pública saliera, para darnos la ventaja de llegar a nuestras casas primero debido a que los niños de la escuela pública esperaban a los niños pequeños de la escuela católica para golpearlos.

Recuerdo los servicios en la iglesia. Ellos tenían una misa en latín. Todo parecía tan santo. No podía entender lo que decían, pero supuse que si sobrellevaba la misa, de seguro llegaría al cielo.

En octavo grado, un sacerdote católico bendijo mi vida. Él se me acercó y me dijo que yo había sido elegido para asistir a una escuela secundaria privada en los suburbios. El sacerdote me dijo que un patrocinador había visitado la escuela y se ofreció a pagar mi admisión por cuatro años en Loyola Academy, una escuela privada que para ese entonces era exclusivamente para varones, era una de las escuelas más reconocidas en la cuidad y yo no tendría que pagar ni un centavo por cuatro años. Yo iba para la escuela "de los ricos". Yo tenía que viajar en tren desde mi calle pequeña en el centro de Chicago para llegar al suburbio de Wilmette, Illinois, donde los niños vivían en un vecindario totalmente diferente al mío. Verdaderamente era una escuela muy costosa. No había manera de que pudiésemos pagar por ir a esta escuela.

Nunca lo olvidaré: mi patrocinador era dueño de una compañía grande. Tuve la oportunidad de pasar tiempo en su casa. Él vivía en una mansión en un vecindario rico. Yo venía de un apartamento pequeño en Chicago y ahí estaba yo quedándome en la casa de este hombre y su familia, en su mansión. Esto es el favor de Dios. Yo no tenía el dinero suficiente para asistir a esa escuela.

En mi cuarto año de escuela superior en Loyola Academy, algunos miembros de la facultad se me acercaron y me preguntaron,

¿A cuál universidad quieres ir? Yo les dije: "Bueno, creo que quiero ir a Northwestern". No me di cuenta que era una de las escuelas más caras en el Big Ten (conferencia de universidades de mayor potencial deportivo). Ellos me dijeron: "Está bien, te vamos a dar una beca y pagaremos tus estudios en Northwestern". Ahora, yo no tenía ni una moneda en el bolsillo. Vengo de una calle pequeña en Chicago. Y ahí me encontraba en Loyola Academy, preparándome para ir a Northwestern University. Iba a estudiar con estudiantes que tenían dinero y yo ni me fijé de que se "suponía" que no perteneciera a ese lugar. No me dio tiempo de sentirme intimidado o pensar que no pertenecía. Yo tenía el favor de Dios en mi vida y no lo sabía.

Me convertí al Señor en mi tercer año en Northewestern y comencé a asistir Crusaders Church. Ahora salvo, la bendición verdadera de Dios llegó. Cuando me convertí, le di mi corazón entero a Dios. Me enfoqué en Él. Estaba sumergido por completo. Me despedí de todos mis amigos. Ellos pensaban que yo estaba loco. Ya no usaba drogas con ellos. Antes yo usaba drogas y ácido. Yo dejé todo eso cuando me convertí en el año 1978.

Desde aquel entonces, el favor de Dios ha crecido en mi vida. Dios me ha llevado alrededor del mundo. He ministrado a setenta naciones. He conocido a primeros ministros y presidentes. He estado en la Casa Blanca. Nada de esto sucedió por mí. Soy un hombre que creció en el barrio. Así que no hablo acerca de algo que leí en la Biblia. Le digo, cuando el favor de Dios llega a su vida, le llevará a lugares que usted jamás hubiese podido llegar por su propia cuenta. Puede que no tenga ni una moneda en el bolsillo, pero Dios le dice: "No te preocupes. Tú no necesitas dinero; necesitas mi favor. Yo enviaré a alguien que te lo pague".

Por otro lado, creo que la mejor manera en que el favor llega a la vida del hombre se encuentra en el versículo que dice: "El que halla esposa halla el bien, y alcanza la benevolencia de Jehová" (Proverbios 18:22). Una buena esposa viene del favor de Dios. Y yo tengo una buena esposa.  Ella es inteligente, sabia y ama a

Dios. Ella mantiene mis pies sobre la tierra y me avisa cuando estoy a punto de hacer algo tonto.

Finalmente, tengo a un grupo de personas que me aman en la Crusaders Church. ¡Eso es favor! A menudo me encuentro con pastores que mencionan lo difícil que se les hace, cómo los miembros de sus iglesias no los tratan bien. Los miembros de mi iglesia me tratan bien. Me aman. Algunos han estado conmigo por veinte o treinta años. Como hasta ahora no los he corrido, sé que eso es el favor de Dios.

Escuche, fui el primero de mi familia, de mis amistades y de mi vecindario en ser salvo y no fue por mí. No tengo buen juicio para ser salvo. El pecado te convierte en un necio. Fue el favor de Dios que me sacó de donde yo estaba y me atrajo a Él.

## USTED NECESITA FAVOR

El favor de Dios puede cambiar su vida. Si hoy usted es salvo, es solamente por la gracia y el favor de Dios. Usted no es lo suficientemente bueno como para ser salvo por cuenta propia. Dios miró a muchos y lo escogió a usted. Dios lo escogió porque lo ama. No es por quien es usted o lo que ha hecho; es por su favor. Usted fue elegido por Dios. Usted fue escogido antes de la fundación del mundo. Gracias a Dios por el Espíritu Santo que lo atrajo a Él.

Como mencioné al comienzo de este capítulo, la vida y el favor son dones de Dios. No necesitamos suerte. Necesitamos bendición. Necesitamos favor. Necesitamos la bendición de Dios. Dios desea desatar un nuevo favor en su vida. Cuando usted tiene el favor y la bendición de Dios, no hay nada en la vida que lo pueda detener.

Cuando usted comienza a caminar en el favor y la bendición del Señor, los demás lo notarán. El favor y la bendición de Dios en su vida son dos de las cosas más poderosas que usted puede recibir.

Mateo 6:33 dice: "Mas buscad primeramente el reino de Dios y su justicia, y *todas* estas cosas os serán añadidas" (énfasis añadido).

Dios dice: "Tú no necesitas dinero. Necesitas mi favor". Usted necesita su *shalom*—la medida completa de paz—para operar en su vida. Este es el don que usted recibe si es su hijo, si usted tiene un pacto con Él. Dios bendice a su pueblo y lo rescata. Tal y como lo hizo con los israelitas.

En Ezequiel 16:1-14, Dios le habla al pueblo de Israel acerca de cómo los encontró en un estado de rechazo en el que había sido desechados y nadie los deseaba. Ellos se estaban hundiendo en su propia sangre. Pero cuando Dios se acercó a ellos les dijo: ¡VIVAN! Entonces los bendijo y los adornó con joyas.

Dios le dice lo mismo a usted. Posiblemente ha sido menospreciado y no tuvo la oportunidad de llevar una buena vida. Quizá nadie lo deseaba o no nació en una cuna de oro. Pero cuando Dios puso sus ojos sobre usted, Él tuvo misericordia.

Dios no solamente lo salvará y lavará, sino que también lo bendecirá, lo vestirá, lo adornará con atavíos y lo embellecerá. La gracia y el favor en su vida lo harán llegar a un lugar de prosperidad. Dios no solamente lo salvará, sino que también lo multiplicará y bendecirá.

## ORACIONES PARA DESATAR EL FAVOR DE DIOS

Padre, te doy gracias por tu favor. Creo en el poder de tu favor. Me humillo y pido tu favor. Necesito tu favor en cada área de mi vida.

---

Creo en el crecimiento de favor en mi vida. Deseo caminar en mayores niveles de favor. Yo recibo una abundancia de favor, y yo reino en la vida por medio de tu favor. Recibo gran favor.

---

Mientras crezco en el conocimiento de quiénes son tú y el Señor Jesucristo, creo que el favor es multiplicado en mi vida. Soy generoso. Mientras doy, tu favor abunda en mi vida. Soy misericordioso y confiable. Tengo favor con Dios y el hombre.

---

Yo creo que tú me apoyarás, me respaldarás, me ayudarás, haces las cosas más fáciles para mí, me promueves, y me honras, todo por tu favor.

---

Yo disfruto el estatus de ser "hijo predilecto" de mi Padre celestial. Tu favor me rodea como escudo. Soy sincero en mi amor por Jesús.

Tu favor se desborda en mi vida. Gracias, Padre, por tu favor. Te alabo y te doy gloria por tu favor.

Señor, Tú me has dado vida y favor.

Señor, te agradezco por la vida, una vida abundante.

Te agradezco por el favor que vendrá a mi vida.

Creo que vendrá una nueva vida y un nuevo favor.

Hoy recibo una nueva vida y un nuevo favor.

Creo que el favor es un regalo del cielo.

Recibo el don de la vida, el don de la vida eterna.

Recibo el don del favor y el don de la gracia sobre mi vida en el nombre de Jesús.

Gracias, Señor, por la nueva gracia y el nuevo favor, la nueva prosperidad y la nueva bendición que vendrán a mi vida.

Yo soy la niña de los ojos de Dios.

Soy uno de los predilectos de Dios.

Dios me da favor, me ama y me ha elegido desde antes de la fundación del mundo para recibir su gracia y favor.

¡Recibo un favor extraordinario en mi vida en el nombre de Jesús!

Permíteme tener gran favor (Génesis 39:6).

Señor, muéstrame tu misericordia y dame favor
(Génesis 39:21).

Dame favor delante de los del mundo (Éxodo 12:36).

Sáciame de tu favor como a Neftalí (Deuteronomio 33:23).

Permíteme ser acepto delante de ti y delante de los hombres
(1 Samuel 2:26).

Permíteme hallar gracia delante del rey (1 Samuel 16:22).

Permíteme hallar gran favor ante los ojos del rey
(1 Reyes 11:19).

Permíteme hallar gracia como Ester (Ester 2:17).

Vida y misericordia me concediste, y tu cuidad guardó mi
espíritu (Job 10:12).

Oro a ti, Señor, concédeme favor (Job 33:26).

Bendíceme y rodéame con tu favor como con un escudo
(Salmo 5:12).

En tu favor está la vida (Salmo 30:5).

Afirma mi monte con tu favor (Salmo 30:7).

Por tu favor, el enemigo no triunfará sobre mí
(Salmo 41:11).

Por tu favor, volví de la cautividad (Salmo 85:1).

Acrecienta mi poder por tu favor (Salmo 89:17).

Mi momento de tener favor ha llegado (Salmo 102:13).

Yo suplico por tu favor de todo corazón (Salmo 119:58).

Que tu favor sea como nube de lluvia tardía
(Proverbios 16:15).

Que tu favor esté sobre mí como el rocío sobre la hierba
(Proverbios 19:12).

Elijo tu amoroso favor en lugar de la plata y el oro
(Proverbios 22:1).

Permíteme ser muy favorecido (Lucas 1:28).

Muéstrame tus maravillosas misericordias (Salmo 17:7).

Acuérdate de tus piedades y misericordias en mi vida
(Salmos 25:6).

Tu misericordia está delante de mis ojos (Salmo 26:3).

Recibo tu preciosa misericordia (Salmo 36:7).

Extiende tu misericordia en mi vida (Salmo 36:10).

Que tus misericordias y tu verdad me guarden siempre
(Salmo 40:11).

Envía tu misericordia de día (Salmo 42:8).

Benigna es tu misericordia, mírame conforme a la multitud
de tus piedades (Salmo 69:16).

Vivifícame conforme a tu misericordia (Salmo 119:88).

Oye mi voz conforme a tu misericordia (Salmo 119:149).

Me has atraído con tu misericordia (Jeremías 32:18).

# CAPÍTULO 4
# UNA VIDA DE EXCELENCIA Y SABIDURÍA

*Entended, oh simples, discreción; y vosotros, necios, entrad*
*en cordura. Oíd, porque hablaré cosas excelentes, y*
*abriré mis labios para cosas rectas. Porque mi boca*
*hablará verdad, y la impiedad abominan mis labios.*

—PROVERBIOS 8:5–7

L A EXCELENCIA Y la sabiduría son pilares en la vida de un creyente de pacto. Una vida de excelencia es una de sabiduría, conocimiento y entendimiento. La sabiduría es excelente. La sabiduría es lo más alto y lo primordial. La sabiduría es superior. La sabiduría de Dios es excelente. Dios desea que formemos parte de la excelencia de su sabiduría. Él dice: "¿No te he escrito cosas excelentes por medio de consejos y conocimiento?" La sabiduría es lo mejor, es lo más excelente.

Estudiar y caminar en la Palabra de Dios le proveerá la base para alcanzar la excelencia. La Palabra de Dios es su sabiduría. El temor de Dios es el comienzo de la sabiduría. El temor al Señor es la base para una vida de excelencia. Debemos aprobar y valorar lo que es excelente.

Para que aprobéis lo mejor, a fin de que seáis sinceros e irreprensibles para el día de Cristo.
—FILIPENSES 1:10

Una vida de excelencia busca lo que es excelente, lo cual incluye sabiduría y amor. Esta excelencia *no* se trata de la sabiduría de este mundo, sino de la excelencia de la sabiduría divina.

## LA SABIDURÍA ES PRIMORDIAL

Adquiere sabiduría…no te olvides ni te apartes de las razones de mi boca; no la dejes, y ella te guardará.

> Sabiduría ante todo; adquiere sabiduría; Y sobre todas tus posesiones adquiere inteligencia. Engrandécela, y ella te engrandecerá; ella te honrará, cuando tú la hayas abrazado.
>
> Cuando anduvieres, no se estrecharán tus pasos, Y si corrieres, no tropezarás.
>
> Retén el consejo, no lo dejes; guárdalo, porque eso es tu vida.
>
> —Proverbios 4:5–8, 12–13

La sabiduría es lo primero. La sabiduría le permite vivir en conformidad con Él. En Proverbios 4, Salomón le habla a su hijo acerca de la sabiduría sobrenatural que le fue impartida por Dios. Salomón expresa cómo el Señor quisiera que los padres actúen. Los padres deben impartirle sabiduría a sus hijos e hijas. En estos tiempos, nos enfrentamos con la crisis de una generación sin padres. Muchos hombres han abandonado su roles de padres. Ellos han dejado huérfanos a una generación para valerse por sí mismos y descifrar cómo ser exitosos en la vida.

Muchos de estos hombres tampoco tuvieron padres que les impartieran sabiduría. Usted no les puede impartir a otros lo que no tiene. Pero Dios dijo que Él es el Padre de huérfanos. Él también coloca a otras figuras paternales para llenar ese espacio. Tan solo tenemos que pedirle a Dios por su sabiduría y Él nos mostrará por medio de la vida, experiencias y las palabras de líderes consagrados, y a veces por medio de la influencia directa de Dios en nuestras vidas.

Él dijo que si le pedimos sabiduría, Él nos la daría en abundancia, sin reproche o limitaciones. Santiago 1:5 dice: "Y si alguno de vosotros tiene falta de sabiduría, pídala a Dios, el cual da a todos abundantemente y sin reproche, y le será dada". Se da cuenta, Dios quiere que usted tenga cada regalo, recurso y herramienta para vivir la vida que Él le ha concedido.

**La sabiduría lo guía a tomar buenas decisiones.**

Sin sabiduría, usted caminará ciego por la vida sin saber qué dirección tomar o cuál decisión tomar para llegar al lugar donde necesita estar. Una vida sin sabiduría es una llena de problemas. Usted no puede echarle la culpa al diablo por todos sus problemas. A veces es simplemente la falta de sabiduría. A veces los problemas en la vida son el resultado de decisiones imprudentes.

Sin la habilidad de tomar decisiones sabias, usted no podrá prosperar en la vida. Hay personas ungidas que saben cómo profetizar, echar fuera demonios y dar gritos en la iglesia; pero cuando se trata de sus vidas personales, toman decisiones imprudentes. Sabrán cómo danzar, predicar, gritar, hablar en lenguas y profetizar, pero no pagan sus rentas. Luego, cuando el propietario les pregunta por el pago, ellos piensan que él es el diablo. No hay necesidad de echarle aceite; simplemente pague su renta a tiempo. Usted no puede culpar al diablo por eso.

La sabiduría no solamente lo llevará a tomar la decisión correcta en el momento correcto, pero también lo llevará a reconocer sus debilidades y corregirlas con valor y humildad.

**La sabiduría produce disciplina y dominio propio.**

Es necesario que usted entienda que no puede vivir de manera imprudente y esperar ser exitoso. Usted no puede vivir una vida de excelencia sin disciplina y dominio propio.

¿Algunas áreas de su vida están fuera de control? ¿Es usted fácil de convencer, desordenado, incontrolable, rebelde, ingobernable, inmanejable o indisciplinado? Si su respuesta es sí, entonces usted no tiene límites. Un estilo de vida indisciplinado lo esclavizará y estorbará sus oportunidades para alcanzar éxito en la vida. No hay liberación que dure y libertad sin disciplina.

Proverbios 25:28 dice: "Como ciudad derribada y sin muro es el hombre cuyo espíritu no tiene rienda". Las ciudades sin muro estaban expuestas a ser invadidas y atacadas por fuerzas externas. Una persona sin dominio propio se expone a que los ladrones demoniacos entren y roben su paz y saboteen sus oportunidades de alcanzar éxito.

Estas son las áreas que necesitan dominio propio para así alcanzar éxito:

* Pensamiento—"Por lo demás, hermanos, todo lo que es verdadero, todo lo honesto, todo lo justo, todo lo puro, todo lo amable, todo lo que es de buen nombre; si hay virtud alguna, si algo digno de alabanza, en esto pensad" (Filipenses 4:8).

* Apetito—"Y pon cuchillo a tu garganta, si tienes gran apetito" (Proverbios 23:2).

* Forma de hablar—"Como ciudad derribada y sin muro es el hombre cuyo espíritu no tiene rienda" (Proverbios 25:28).

* Carácter sexual—"Sino que golpeo mi cuerpo, y lo pongo en servidumbre, no sea que habiendo sido heraldo para otros, yo mismo venga a ser eliminado" (1 Corintios 9:27).

* Emociones—"El corazón alegre hermosea el rostro; mas por el dolor del corazón el espíritu se abate" (Proverbios 15:13).

* Humor—"No te apresures en tu espíritu a enojarte; porque el enojo reposa en el seno de los necios" (Eclesiastés 7:9).

Algunos creyentes no entienden la relación entre la sabiduría, disciplina y éxito. Usted no puede mantener la bendición de Dios es su vida si no tiene disciplina y dominio propio.

He sabido de personas que hacen oraciones con ofrenda en mano y dicen: "Estoy creyendo por una mansión de dieciséis cuartos". Sin embargo, no pueden mantener un apartamento. Cuando usted obtiene una casa grande, las cuentas son más grandes y el patio que requiere de mantenimiento también es más grande. Así que, si usted no puede cuidar un ropero, pagar su renta a tiempo, o ir al trabajo fielmente todos los días, entonces ¿cómo cree que Dios le dará más? Eso no es sabiduría.

La sabiduría y la disciplina lo preparan para alcanzar más en la vida. Usted podrá alcanzar cierto nivel de éxito por sí mismo, pero la disciplina y la sabiduría lo mantendrán en ese lugar de éxito y lo prepararán para cosas mayores. Proverbios 4:6 y 8 dice que la sabiduría "te conservará...y te guardará...y te engrandecerá".

## La sabiduría lo guiará hacia las relaciones correctas

> No entres por la vereda de los impíos, ni vayas por el camino de los malos. Déjala, no pases por ella; apártate de ella, pasa. Porque no duermen ellos si no han hecho mal, y pierden el sueño si no han hecho caer a alguno. Porque comen pan de maldad, y beben vino de robos.
> —PROVERBIOS 4:14-17

La sabiduría le dirá: "Aléjese de ídolos". Usted no puede pasar tiempo con personas imprudentes y alcanzar éxito en la vida. Usted tiene que relacionarse con las personas correctas. La Biblia habla acerca del yugo desigual con los no creyentes (2 Corintios 6:14) y ser un creyente es más que una simple confesión; es un estilo de vida. Algunas personas le dirán que son salvos, pero viven para el diablo. No se dejen engañar.

Proverbios 4:14 provee un consejo directo acerca de las relaciones que no debemos tener si queremos mantener un nivel de excelencia, enfoque y éxito en nuestras vidas. Dios ha escogido a ciertas personas para que usted se relacione con ellas. Precisamente, ellos tienen juicio. Pídale a Dios que le dé sabiduría en cuanto a sus relaciones para que escoja aquellas que traigan paz y armonía a su vida.

Si esto es una revelación para usted y el Señor le ha traído relaciones a su mente que no están bien y evitan que usted llegue a su meta, usted necesita informarles a estas personas que no puede seguir con ellas. Ellos no tienen sueños, visión...

Compartí mi testimonio con usted acerca de cómo yo

inmediatamente me alejé de mis amistades cuando me convertí. Ellos se dirigían hacia una dirección diferente a la mía. Ya yo no me endrogaba ni usaba ácido; ellos sí. Esas no eran las relaciones que yo podía mantener y aún obtener el favor de Dios en mi vida. Créame, sé exactamente de dónde vine, por eso me fui.

Usted debe saber cómo irse. Usted debe saber cuándo es tiempo de alejarse. Haga de la sabiduría su compañera. Ella le dirá cuándo es tiempo de irse. Ella conservará su vida.

> Fíate de Jehová de todo tu corazón, y no te apoyes en tu propia prudencia.
> —Proverbios 3:5

## El temor de Dios trae sabiduría

> El temor de Jehová es el principio de la sabiduría, y el conocimiento del Santísimo es la inteligencia.
> —Proverbios 9:10

Escuchar con reverencia y asombro (temor) la voz de Dios sobre su vida y luego vivir en obediencia a lo que escucha, eso es sabiduría. Dios no lo va encaminar erróneamente. Él ha establecido los límites—su camino para usted para que tenga una vida abundante y gran favor—delante de usted. Él lo ha establecido en un lugar placentero (Salmo 16:6). Lo dirige por aguas de reposo (tranquilas) y restaura su alma (Salmo 23:2-3). Temer al Señor significa que tiene cuidado de seguir su dirección sabiendo que arriesga su propia vida si no lo hace (Vea Mateo 10:28). Cuando teme a Dios, se somete a sus caminos y confía en que Él tiene un plan para su vida (Jeremías 29:11).

## Excelencia moral (virtud)

> Vosotros también, poniendo toda diligencia por esto mismo, añadid a vuestra fe virtud; a la virtud, conocimiento.
> —2 Pedro 1:5

Las personas sabias son excelentes y virtuosas en su caminar con Dios. Ellas buscan vivir correctamente y tener un carácter íntegro. La virtud es excelencia moral, excelencia de carácter e integridad. La excelencia es un talento o una cualidad que es inusualmente buena o sobrepasa estándares ordinarios. La excelencia representa el estándar más alto o una cualidad. La excelencia es la clave para alcanzar una vida poco común. Miremos varias versiones de 2 Pedro 1:5 que confirma la conexión entre virtud, fe y excelencia.

> Por lo mismo, esforzaos al máximo en añadir a vuestra fe, la honradez; a la honradez, el recto criterio.
>
> —BLPH

> Por esta razón también, obrando con toda diligencia, añadan a su fe, virtud, y a la virtud, conocimiento.
>
> —NBLH

> Precisamente por eso, esforzaos por añadir a vuestra fe, virtud; a vuestra virtud, entendimiento.
>
> —CST

La excelencia moral (virtud) es algo que se ha perdido como meta y estándar en la sociedad. Hay cristianos que no añaden virtud (excelencia moral) a su fe. Muchos creen que la excelencia moral es inalcanzable. Es refrescante encontrarse con una persona virtuosa, una persona de excelencia de carácter. Como dice en Proverbios 31:10: "Mujer virtuosa, ¿quién la hallará? Porque su estima sobrepasa largamente a la de las piedras preciosas".

Tenemos que ser personas de excelencia si queremos ver el favor de Dios en nuestras vidas. Debemos tener un estándar de excelencia en nuestro carácter. Esto, indudablemente, debe ser el estándar para los líderes. Excelente significa extraordinario o excepcional. Significa ser sobresaliente. Según Bible.org: "Excelencia es una palabra poderosa. Implica algo que se obtiene por medio del esfuerzo; es un ideal extremadamente alto".[1] El éxito honrado alcanzado a través de la excelencia, diligencia y sabiduría no es algo común en nuestra sociedad de compromiso y mediocridad. Como pueblo de Dios, fuimos creados para sobresalir como luz que refleja la gloria de Dios.

## COSAS EXCELENTES

El Señor hace cosas excelentes. Nadie puede añadirle o quitarle a las obras del Señor. Nuestra salvación y redención están completas (excelente) en Cristo. Dios hará cosas excelentes en su vida.

> Cantad salmos a Jehová, porque ha hecho cosas magníficas; sea sabido esto por toda la tierra.
>
> —ISAÍAS 12:5

Los sinónimos de excelente son excepcional, magnificente, superlativo. La excelencia nos habla de grandeza, plenitud, altura, perfección, y lo mejor. La grandeza de Dios es excelente y sus obras son excelentes. El pueblo de Dios es considerado íntegro (excelente). ¿Vive usted a la altura de ese nombre?

> Para los santos que están en la tierra, y para los íntegros, es toda mi complacencia.
>
> —SALMO 16:3

Los que son considerados excelentes son los nobles. *Noble* significa tener o mostrar cualidades de gran estatura moral tal como la valentía, generosidad y honra.

Dios hará cosas excelentes para su pueblo íntegro (los santos). Esto nuevamente nos habla de aquellos que están en una relación de pacto con Dios. Fuimos creados a la imagen de Dios, así que como nuestro Padre, haremos cosas excelentes cuando nos sometemos a Él. Jesús dijo que haríamos mayores cosas que las que Él hizo.

Crea que cosas excelentes vienen a su vida. Crea que usted hará cosas excelentes y verá gran éxito en su vida. Nuestro Dios es excelente y su excelencia se manifestará en su vida.

## CONSIDERE A LA HORMIGA

> Ve a la hormiga, oh perezoso, mira sus caminos, y sé sabio.
>
> —PROVERBIOS 6:6

La persona sabia es diligente con todas las cosas que pertenecen a la vida y a la piedad (2 Pedro 1:3). Las hormigas son un buen ejemplo de lo que caracteriza este tipo de diligencia. Durante el verano, las hormigas trabajan incansablemente para juntar comida para el invierno. La hormiga es lo opuesto al haragán (perezoso). La hormiga no le tiene repugnancia al trabajo. La hormiga es laboriosa. Laborioso significa trabajar energéticamente y con devoción; trabajador; diligente.

- La hormiga es persistente, se enfoca en su trabajo, ya sea la construcción de un nido o la recogida de alimentos. ¿Es usted capaz de mantener un trabajo hasta que es completado y esté bien realizado?
- La hormiga sabe cuál es su trabajo y lo hace, trabaja tranquilamente y sin espectáculo hasta que la tarea se complete. ¿Trabaja usted sin quejarse, sin lloriquear? ¿Hace su trabajo tranquilamente?
- La hormiga no necesita a otra hormiga que la observe para asegurar que el trabajo se complete. ¿Puede usted realizar un buen trabajo sin que alguien lo observe para asegurar que la tarea se complete?
- La hormiga es cooperadora; trabaja con otros para realizar trabajos grandes.[2]

La actividad y la diligencia continuas e ininterrumpidas con las que la hormiga ejerce su tarea de verano presentan otra importante lección de la sabiduría a la familia racional y responsable de Dios. Esta tarea que ejerce esta curiosa criatura no es un ejercicio ocasional. Día tras día estas tribus laboriosas arrojan luz acerca de la labor de recolección. Y aquí, nuevamente, nos enseñan la sabiduría.[3]

—JOHN JOHNSTON

Las hormigas se preparan. "Las hormigas, pueblo no fuerte, y en el verano preparan su comida" (Proverbios 30:25).

La hormiga es diligente. La diligencia es constante y un esfuerzo sincero por emprender una tarea; esfuerzo persistente del cuerpo y la mente. La diligencia promueve la prosperidad (riquezas y plenitud) y dirige hacia el éxito. "La mano negligente empobrece; mas la mano de los diligentes enriquece" (Proverbios 10:4).

> Los pensamientos del diligente ciertamente tienden a la abundancia; mas todo el que se apresura alocadamente, de cierto va a la pobreza.
> —Proverbios 21:5

> La mano de los diligentes señoreará; mas la negligencia será tributaria.
> —Proverbios 12:24

> ¿Has visto hombre solícito en su trabajo? Delante de los reyes estará; no estará delante de los de baja condición.
> —Proverbios 22:29

Si usted es sabio y diligente como la hormiga, será testigo de la manifestación de la excelencia y el éxito en su vida.

## Confesiones para caminar en sabiduría

Yo recibo la sabiduría de Dios y el temor del Señor. Permite que la sabiduría y el temor del Señor sean partes de mi vida.

Quiero tomar decisiones sabias.

Quiero conocer la Palabra de Dios.

Creo que la sabiduría es mi compañía.

Ella me bendecirá.

Ella me protegerá.

Ella me promoverá.

Ella me exaltará.

La sabiduría es lo primordial.

Yo recibo sabiduría, la sabiduría de la Palabra; el Espíritu de sabiduría.

Jesús es mi sabiduría.

Él es mi vida.

Yo recibo la sabiduría del cielo para caminar en la tierra.

Gracias Señor por bendecirme con sabiduría.

No tomaré decisiones necias.

No elegiré neciamente.

No tendré relaciones necias.

Caminaré en sabiduría todos los días de mi vida y soy bendecido en el nombre de Jesús.

Señor, enséñame el camino de la sabiduría y a andar por veredas derechas (Proverbios 4:11).

La sabiduría de Dios me salvará la vida (Eclesiastés 7:12).

Oro por un corazón entendido que está consagrado en sabiduría (Proverbios 14:33).

Estaré atento a tu sabiduría, Señor, y me concentraré en tu prudencia (Proverbios 2:2).

No dependo de la sabiduría humana sino del poder de Dios (1 Corintios 2:5).

En ti, Señor, están todos los tesoros de la sabiduría y del conocimiento (Colosenses 2:3).

Yo escucho cuando aquellos de mayor edad hablan porque la muchedumbre de años declara sabiduría (Job 32:7).

Señor, tu ganancia es mejor que la ganancia de la plata, y tus frutos más que el oro fino (Proverbios 3:14).

Que la sabiduría aumente mis días y años de vida (Proverbios 9:11).

Que mi casa sea edificada por la sabiduría y afirmada con prudencia (Proverbios 24:3).

No seré necio en confiar en mi propio corazón, sino que caminaré en sabiduría y seré librado (Proverbios 28:26).

Que tu sabiduría sea justificada por todos mis hijos (Lucas 7:35).

El temor de Jehová es enseñanza de sabiduría (Proverbios 15:33).

Obedeceré tus mandamientos y así crecer en sabiduría (Salmo 111:10).

Lléname con tu Espíritu, oh Dios, y dame sabiduría, inteligencia, y ciencia en todo arte (Éxodo 31:3).

Señor, dame sabiduría y ciencia para presentarme delante de este pueblo (2 Crónicas 1:10).

Que las pasadas generaciones me enseñen acerca de la sabiduría de sus mayores (Job 8:8–10).

La sabiduría verdadera y el poder se encuentran en ti, Dios (Job 12:13).

El valor de tu sabiduría, oh Señor, no se le iguala al oro fino; su valor es mejor que las piedras preciosas (Job 28:17–18).

Guardaré silencio, oh Dios. Enséñame sabiduría (Job 33:33).

Tu sabiduría me librará de los malvados y de la mujer extraña (Proverbios 2:12, 16).

Aceptaré tu sabiduría, porque es alegría y un árbol de vida para mí (Proverbios 3:18).

Estaré atento a tu sabiduría, oh Señor. Inclinaré mi oído a tu inteligencia (Proverbios 5:1).

Dame entendimiento para que tu conocimiento y sabiduría me sean fácil (Proverbios 14:6).

Dame sabiduría para así tener buen juicio, conocimiento y discernimiento (Proverbios 8:12).

Gracias, Señor, por la sabiduría y ciencia que me son dadas (2 Crónicas 1:12).

No seré sabio en mi propia opinión, más bien temeré al Señor y huiré del mal (Proverbios 3:7).

No dejaré tu sabiduría, oh Dios, porque me protegerá y me guardará (Proverbios 4:6).

Tu sabiduría es mejor que fuerza (Eclesiastés 9:16).

Te doy gracias y te alabo, oh Dios de mis padres, porque me has dado sabiduría y fuerza (Daniel 2:23).

Porque me darás las palabras y tal sabiduría que mis opositores no podrán resistir ni contradecir (Lucas 21:15).

Necesito sabiduría; de modo que le pediré a mi generoso Dios, y Él me la dará sin reproche (Santiago 1:5).

Dios, que mi vida sea de tu agrado, y que me concedas sabiduría, ciencia y gozo (Eclesiastés 2:26).

# CAPITULO 5
# IMPULSO: LA CLAVE PARA MANTENER LA VIDA VICTORIOSA

*Añadió David: Jehová, que me ha librado de las garras del león y de las garras del oso, él también me librará de la mano de este filisteo.*

—1 SAMUEL 17:37

LOS CREYENTES DE pacto son creyentes victoriosos. La victoria es lo que se obtiene después de ganarle una batalla a un adversario u oponente. Jesús dijo que en este mundo tendremos aflicción, pero que confiemos que Él ha vencido al mundo (Juan 16:33). A través de Jesús podemos tener la victoria sobre nuestro adversario, el diablo.

Cuando vivimos entendiendo que hemos vencido a través de Jesús, nos permitimos vivir la vida que Él nos ha concedido por medio de su Nuevo Pacto. Mientras más nos veamos superando reto tras reto y prueba tras prueba, más podemos creer por la vida que Él nos ha prometido. Cada victoria nos da una gran fe para la próxima prueba. Esto es lo que llamo impulso. Impulso es lo que necesitamos para mantener una vida de favor y abundancia.

Un buen ejemplo de impulso se encuentra en el mundo de los deportes. Imagínese a un equipo que comienza a ganar varios juegos. En poco tiempo, este equipo entra en una racha ganadora. Mientras más juegos gane, más impulso cobra. Una de las cosas más difíciles es ganarle a un equipo que está en una racha ganadora. El haber cobrado impulso hace que la interrupción de la racha sea algo difícil de lograr. Detener la buena racha se hace difícil porque el equipo logró cobrar impulso. La regla en deportes es que el equipo que logra cobrar impulso, por lo general gana.

Los candidatos políticos que cobran impulso ganan las elecciones. Una situación puede brindarle al candidato el impulso necesario para ganar. Los ejércitos que obtienen impulso ganan batallas. Un avance estratégico puede darle a una persona o a un grupo el impulso necesario para ganar. La clave está en obtener y mantener el impulso.

El Señor desea darle impulso. Esto lo llevará a dimensiones del espíritu que de otra manera no podría experimentar. Satanás desea detener su impulso. Él sabe que si usted obtiene impulso, tendrá mayor victoria, mayor éxito y mayor impacto en las personas que le rodean. Usted necesita una revelación de cómo obtener impulso, cómo mantenerlo y usarlo a su favor mientras busca la vida y el favor que Dios le ha prometido.

## Aumente su impulso

Dijo Saúl a David: No podrás tú ir contra aquel filisteo, para pelear con él; porque tú eres muchacho, y él un hombre de guerra desde su juventud.

David respondió a Saúl: Tu siervo era pastor de las ovejas de su padre; y cuando venía un león, o un oso, y tomaba algún cordero de la manada, salía yo tras él, y lo hería, y lo libraba de su boca; y si se levantaba contra mí, yo le echaba mano de la quijada, y lo hería y lo mataba. Fuese león, fuese oso, tu siervo lo mataba; y este filisteo incircunciso será como uno de ellos, porque ha provocado al ejército del Dios viviente.

Añadió David: Jehová, que me ha librado de las garras del león y de las garras del oso, él también me librará de la mano de este filisteo. Y dijo Saúl a David: Ve, y Jehová esté contigo.

—1 Samuel 17:33–37

Una de las claves para obtener impulso es permitir que sus victorias lo lleven a cobrar mayor impulso. Las victorias previas que David tuvo le dieron el impulso que él necesitaba para así derrotar a Goliat. Su encuentro con el león y el oso antes de su batalla contra el gigante era su práctica. Cada victoria que el Señor le da, aumenta su impulso. Usted siempre debe entrar en una batalla con el impulso de sus victorias anteriores.

El impulso aumenta su confianza; aumentará su fuerza y habilidad para la próxima batalla. Los campeones verdaderos entienden el impulso. Ellos saben cómo obtenerlo y mantenerlo. Los líderes verdaderos también entienden la importancia del impulso.

Los grandes generales entendieron la importancia del campo de batalla. Ellos sabían cómo tomar ventaja de los errores de sus oponentes y así cobrar impulso en la batalla. Una vez alcanzan el impulso, ellos saben cómo usarlo para derribar a su enemigo. Dos de los grandes generales de Israel eran Josué y David. Ellos entendieron el lugar del impulso en una batalla. Ambos utilizaron impulso para destruir a sus enemigos.

## EL IMPULSO DE JOSUÉ

> Entonces Josué habló a Jehová el día en que Jehová entregó al amorreo delante de los hijos de Israel, y dijo en presencia de los israelitas: Sol, detente en Gabaón; Y tú, luna, en el valle de Ajalón. Y el sol se detuvo y la luna se paró, hasta que la gente se hubo vengado de sus enemigos. ¿No está escrito esto en el libro de Jaser? Y el sol se paró en medio del cielo, y no se apresuró a ponerse casi un día entero. Y no hubo día como aquel, ni antes ni después de él, habiendo atendido Jehová a la voz de un hombre; porque Jehová peleaba por Israel.
>
> —JOSUÉ 10:12-14

Uno de los milagros más grandes registrados en la Palabra de Dios ocurrió en el campo de batalla. Josué habló y el sol y la luna se detuvieron. Él recibió un día adicional para derrotar a sus enemigos. Él entendió la importancia del impulso. Una vez que Josué vio la derrota de sus enemigos, él no permitió que el sol se pusiera. Este milagro le dio el impulso que él necesitaba para destruir a sus enemigos. Josué no permitió que la oscuridad viniera y detuviera su impulso. Él lo mantuvo, por un milagro y destruyó al enemigo.

## El impulso de David

> Perseguí a mis enemigos, y los alcancé, y no volví
> hasta acabarlos. Los herí de modo que no se levan-
> tasen; cayeron debajo de mis pies...y los molí como
> polvo delante del viento; los eché fuera como lodo de
> las calles.
>
> —Salmo 18:37-42

David sabía cómo obtener impulso y utilizarlo en contra de su enemigo. Una vez obtuvo la delantera, él entró en batalla y no se detuvo hasta que venció a sus enemigos. Él no se detuvo luego de una victoria; él mantuvo su impulso hasta que derrotó al enemigo. David entendió la importancia del impulso.

Una vez que el Señor le dé impulso, usted debe usarlo a su favor. No se detenga luego de una victoria. Continúe hasta que el enemigo sea arruinado y usted haya ganado.

Una vez que David hizo huir a sus enemigos, él continuó y los conquistó. Él los derrotó y los molió "como polvo delante del viento". Él no permitió que nada detuviera su impulso. Él sabía que su impulso venía del Señor. Él sabía que una vez el Señor se lo daba, él tenía que utilizarlo para cumplir el propósito de Dios.

Hay muchos hombres de Dios que se detienen luego de una victoria. En lugar de utilizar esa victoria como impulso para la próxima batalla, ellos se relajan y pierden el impulso. El periodo que le sigue a una victoria no es el momento indicado para tomar un descanso. Existen más batallas para pelear y victorias para obtener. Hay que enfrentar a los Goliats que se presentan luego de derrotar el león y el oso.

Sea como David. ¡Persiga, tome, y destruya al enemigo! Sea persistente y termine la batalla. Una vez que el Señor le haya dado la ventaja, no le tenga piedad a Satanás y sus demonios. Use su impulso a su ventaja.

## El impulso le da la fuerza para obtener el éxito en medio de una larga temporada de guerra

> Hubo larga guerra entre la casa de Saúl y la casa de David; pero David se iba fortaleciendo, y la casa de Saúl se iba debilitando.
>
> —2 Samuel 3:1

> Y David iba adelantando y engrandeciéndose, y Jehová Dios de los ejércitos estaba con él.
>
> —2 Samuel 5:10

Aquellos que obtienen impulso prevalecerán. Eventualmente, David obtuvo impulso en su batalla con la casa de Saúl. La traducción Rotherham[1] dice que él "se iba fortaleciendo". La traducción Americana[2] dice: "Siguió creciendo en poder".

David se encontró muy cerca de la muerte durante su largo periodo de guerra contra Saúl. David hasta se dijo a sí mismo: "Al fin seré muerto algún día por la mano de Saúl" (1 Samuel 27:1). David llegó a huir de Saúl y habitó en la tierra de los filisteos, el campo del enemigo.

Saúl persiguió a David en las cuevas y los montes de Israel y el Señor cuidadosamente lo liberó de su enemigo. Después de la muerte de Saúl, hubo una guerra extensa entre David y el hijo de Saúl, Is-boset. Abner, el capitán del ejército de Is-boset peleó en contra de Joab, el capitán del ejército de David.

David comenzó a obtener impulso. Él se volvió más y más fuerte, mientras que sus enemigos se debilitaban más y más.

Las Biblia dice que David siguió y se volvió "grande". Su impulso no solamente lo llevó al trono del reino de Israel, sino que también lo llevó a la victoria sobre los enemigos de Israel.

> Y David lo hizo así, como Jehová se lo había mandado; e hirió a los filisteos desde Geba hasta llegar a Gezer.
>
> —2 Samuel 5:25

Después de esto, aconteció que David derrotó a los filisteos y los sometió, y tomó David a Meteg-ama de mano de los filisteos.

Derrotó también a los de Moab, y los midió con cordel, haciéndolos tender por tierra;

Asimismo derrotó David a Hadad-ezer hijo de Rehob, rey de Soba…

…David hirió de los sirios a veintidós mil hombres.

…y todos los edomitas fueron siervos de David…

—2 Samuel 8:1–3, 5, 14

David tenía lo que llamamos hoy, *una buena racha ganadora*. Él tomó su impulso y lo mantuvo para vencer a sus enemigos en y fuera Israel. Cada victoria fortaleció su impulso para el próximo reto.

Vamos de fuerza en fuerza, de fe en fe y de gloria en gloria.

## El lado oscuro del impulso

Un impulso tiene la habilidad de trabajar para su beneficio, pero también puede trabajar en su contra. Aún la maldad, si no es detenida, puede cobrar impulso. El impulso de las victorias de David llegó a su fin por su pecado y adulterio con Betsabé y el asesinato de Urías, su esposo. Esto le dio la oportunidad al enemigo para usar al hijo de David, Absalón, en su contra. Absalón cobró impulso en contra de su padre. La conspiración creció más y más fuerte.

Y mientras Absalón ofrecía los sacrificios, llamó a Ahitofel gilonita, consejero de David, de su ciudad de Gilo. Y la conspiración se hizo poderosa, y aumentaba el pueblo que seguía a Absalón.

—2 Samuel 15:12

Esto demuestra el poder del impulso. Cuando algo cobra impulso, ya sea bueno o malo, es difícil detenerlo. La conspiración de Absalón se fortaleció y cobró impulso porque David no fue capaz de detenerlo a tiempo.

> Y un mensajero vino a David, diciendo: El corazón de
> todo Israel se va tras Absalón.  Entonces David dijo
> a todos sus siervos que estaban con él en Jerusalén:
> Levantaos y huyamos, porque no podremos escapar de-
> lante de Absalón; daos prisa a partir, no sea que apre-
> surándose él nos alcance.
>
> —2 Samuel 15:13-14

David tuvo que huir por su vida. El impulso de la maldad era
tan fuerte que él no tenía las fuerzas para detenerlo. Solamente
las oraciones de David y la intervención de Dios eran lo suficientemente fuertes para detener el impulso de Absalón.

David, a través de su insensatez, permitió que sus enemigos co-
braran impulso en su contra. El pecado no sólo puede detener su
impulso, también puede impulsar al enemigo en su contra. Por esta
razón, es imperativo que evitemos el pecado y la insensatez para así
conservar nuestro impulso. No le dé lugar al enemigo (Efesios 5).

Mantenga el impulso sobre el enemigo. Nunca permita que él
cobre impulso sobre usted. Un acto de pecado puede destruir su
impulso. Un acto de insensatez puede destruir su impulso. Un
error costoso puede detener su impulso.

Un Acán detuvo el impulso de Israel. Un pecado detuvo el
impulso de David.

> Aconteció al año siguiente, en el tiempo que salen los
> reyes a la guerra, que David envió a Joab, y con él a sus
> siervos y a todo Israel, y destruyeron a los amonitas, y
> sitiaron a Rabá; pero David se quedó en Jerusalén.
>
> —2 Samuel 11:1

Este fue el comienzo de los problemas de David. En lugar
de dirigir la batalla como líder del pueblo de Dios, él se quedó
en Jerusalén y envió a Joab para la batalla. En una guerra anterior, David había herido a los sirios, destruyó setecientos ca-
rros y cuarenta mil hombres de a caballo (2 Samuel 10:18). Esto
nos muestra una verdad importante: No se detenga luego de

una victoria. ¡Mantenga su impulso! Recuerde, una victoria le da impulso para la próxima batalla.

En lugar de ir a la batalla, David se quedó en Jerusalén y cayó en adulterio con Betsabé (2 Samuel 11:2-5). David se relajó y cayó en pecado. Él perdió impulso y su racha ganadora llegó a su fin. Eso abrió una puerta para que el enemigo trajera tristeza y dolor a su vida. Como resultado, David casi perdió el reino. Este pecado escondido detuvo su impulso. A pesar de su intento de esconder y cubrir su pecado, eventualmente le causó vergüenza y deshonra.

## El Señor de los quebrantos

> Y vino David a Baal-perazim, y allí los venció David, y dijo: Quebrantó Jehová a mis enemigos delante de mí, como corriente impetuosa. Por esto llamó el nombre de aquel lugar Baal-perazim.
>
> —2 Samuel 5:20

David describe el impulso del Señor sobre él como corriente impetuosa. La traducción Rotherham dice: "Como agua que brota". La traducción Moffat[3] dice: "Como aguas que estallan de una muralla". Él llamó el nombre de ese lugar "Baal-perazim", que significa *señor de los quebrantos*.

Estallar significa forzar la entrada (como de una puerta) fuerte o vigorosamente. Esto significa romper una entrada, en partes, o en pedazos, usualmente por un impacto o de alguna presión producida desde adentro. Recuerde, la clave para obtener impacto es el impulso. Mientras más grande sea el impulso, más grande será el impacto. El impulso que el Señor desea darle es tan grande que es capaz de llevarle a estallar delante de sus enemigos.

Cuando una barrera se rompe, el impulso de las muchas aguas destruirá todo lo que se encuentre en su camino. El impulso de usted puede ser como un río poderoso que corre, que destruye y retoma cualquier oposición del enemigo en su camino.

## EL PODER DE DIOS LO IMPULSA

He aquí, yo enviaré la promesa de mi Padre sobre vosotros; pero quedaos vosotros en la ciudad de Jerusalén, hasta que seáis investidos de poder desde lo alto.
—LUCAS 24:49

La iglesia comenzó con impulso. El día de pentecostés fue un día de impulso para la iglesia. *Dunamis* es la palabra griega para *poder*. Dunamis le da impulso a la iglesia.

El impulso es el resultado de poder. Mientras más poderoso algo se vuelve, más impulso carga, y mientras más impulso algo recibe, más poder tiene. El impulso y el impacto se relacionan con el empuje. Empuje significa empujar o manejar con fuerza. El empuje necesario para llevar a la iglesia hacia delante era *dunamis*, el poder del Espíritu Santo.

El Día de Pentecostés le proveyó a la iglesia el impulso necesario para invadir al mundo con el evangelio. Desde Jerusalén, la iglesia se movió hacia delante con impulso y lo mantuvo para impactar al mundo con el mensaje de salvación.

…y se añadieron aquel día como tres mil personas.
—HECHOS 2:41

Pero muchos de los que habían oído la palabra, creyeron; y el número de los varones era como cinco mil.
—HECHOS 4:4

Y los que creían en el Señor aumentaban más, gran número así de hombres como de mujeres.
—HECHOS 5:14

Y aun de las ciudades vecinas muchos venían a Jerusalén, trayendo enfermos y atormentados de espíritus inmundos; y todos eran sanados. Entonces levantándose el sumo sacerdote y todos los que estaban con él, esto es, la secta de los saduceos, se llenaron de celos.
—HECHOS 5:16-17

El enemigo intenta detener nuestro impulso por medio de la persecución. La primera oposición que la iglesia primitiva experimentó fue la del sistema religioso que existía en ese entonces. La religión luchaba en contra de cada avivamiento y mover de Dios. Aquellos que desean mantener las cosas como están no les gusta el cambio.

Necesitamos el impulso suficiente para romper con la persecución. Nunca permita que la persecución por la justicia detenga su impulso. Si usted se encuentra en la voluntad de Dios, nunca permita que la opinión de la gente o lo que hagan detenga su impulso. Reconozca que la persecución es un intento de Satanás para detener su impulso. Usted no puede responder en la carne, sino en el Espíritu.

> ...Y convinieron con él; y llamando a los apóstoles, después de azotarlos, les intimaron que no hablasen en el nombre de Jesús, y los pusieron en libertad. Y ellos salieron de la presencia del concilio, gozosos de haber sido tenidos por dignos de padecer afrenta por causa del Nombre.
> —Hechos 5:40-41

Los apóstoles no permitieron que la persecución detuviera su impulso. Cuando fueron golpeados, ellos respondieron con regocijo. "Y todos los días, en el templo y por las casas, no cesaban de enseñar y predicar a Jesucristo" (Hechos 5:42).

Ellos no cesaron de enseñar y predicar. Una vez que usted cobra impulso en lo que emprenda, no cese. La clave para su éxito está en aprender cómo mantener el impulso ante al oposición.

## El resultado del impulso

Aun después de las amenazas y los golpes por parte de los líderes religiosos, los apóstoles mantuvieron su impulso.

Y crecía la palabra del Señor, y el número de los
discípulos se multiplicaba grandemente en Jerusalén;
también muchos de los sacerdotes obedecían a la fe.

—Hechos 6:7

El crecimiento y la multiplicación son el resultado del impulso.
Aun el oponente más fuerte de la iglesia, Saúl, fue transformado
y se convirtió en el apóstol Pablo. Esto nos muestra el poder del
impulso. El enemigo no puede detener a una persona con impulso. Cuando el pueblo del Señor cobre impulso, los enemigos
serán destruidos o convertidos.

Luego de la conversión de Saúl, las iglesias por toda Judea,
Galilea y Samaria tenían paz, y "se acrecentaban" (Hechos 9:31).
Cuando el mover de Dios cobra impulso, impactará todo lo que
se encuentre en su camino. Las personas serán impactadas o des-
truidas por él.

En Hechos 12:1-3 vemos cómo Herodes fue usado por el enemigo para detener el impulso de la iglesia. Vemos aquí otra estrategia que el enemigo utiliza para detener el impulso del mover de
Dios, atacar a los líderes.

Cada mover de Dios tiene líderes. Herodes mató a Santiago y
planificaba matar a Pedro. La iglesia oró día y noche por la liberación de Pedro. Por intervención divina, Pedro fue librado de la
cárcel. El ángel no solo liberó a Pedro, sino que hirió a Herodes y
fue comido por gusanos (Hechos 12:23).

Si el enemigo puede desanimar o eliminar a un líder, usualmente también es diestro en detener el impulso de una movida.

Pero la palabra del Señor crecía y se multiplicaba.

—Hechos 12:24

La traducción Phillips[4] dice: "Pero la Palabra del Señor continuó tomando terreno y aumentó su influencia". Herodes fue
destruido y la iglesia mantuvo su impulso. Los líderes necesitan
oración. Ellos necesitan intercesores que se paren en la brecha

para que mantengan su impulso. La intercesión y la oración nos ayudan a mantener el impulso ante la oposición.

## El denuedo ayuda a mantener impulso

> Y ahora, Señor, mira sus amenazas, y concede a tus siervos que con todo denuedo hablen tu palabra, mientras extiendes tu mano para que se hagan sanidades y señales y prodigios mediante el nombre de tu santo Hijo Jesús.
>
> —Hechos 4:29-30

Los líderes religiosos amenazaban a la iglesia primitiva con el fin de detener su impulso. La iglesia oraba por un denuedo que produjera señales y prodigios. El temor detendrá su impulso. El temor al hombre trae engaño. El temor lo paralizará. Es un espíritu del infierno enviado para detenerlo. El denuedo debe surgir de su espíritu para derrotar la oposición. La persona que logra cobrar impulso enfrentará resistencia.

El enemigo no se va a sentar a observar desde una esquina mientras usted establece el reino de Dios. Él simplemente no se quedará quieto, sin hacer resistencia. Él utilizará el temor para detenerlo. El denuedo nos ayuda a mantener el impulso. En lugar de retroceder, los apóstoles "fueron llenos del Espíritu Santo, y hablaban con denuedo la palabra de Dios" (Hechos 4:31).

Por medio del denuedo, ellos derrotaron la oposición del enemigo. Muchos creyentes se rinden cuando enfrentan resistencia. Ellos pierden su impulso y paran de hacer lo que el Señor los ha llamado a hacer. Ore por denuedo. Levántese con valor y continúe a pesar de la intimidación.

> Y habiendo atravesado toda la isla hasta Pafos, hallaron a cierto mago, falso profeta, judío, llamado Barjesús.
>
> —Hechos 13:6

Si el enemigo no puede detenerlo por medio del temor y la intimidación, él tratará de detenerlo a través de la decepción. En su primera jornada misionera, Pablo y Bernabé hallaron a un mago llamado Barjesús. Barjesús, también conocido como Elimas, los resistió (Vea Hechos 13:8). Pablo declaró juicio sobre Barjesús, quien quedó ciego.

Pablo le dijo, "¡Oh, lleno de todo engaño y de toda maldad!" (Hechos 13:10). El Nuevo Testamento *The Twentieth Century*[5] dice: "Tú, encarnación de engaño y fraude". La traducción *The Williams*[6] dice: "experto en todo tipo de engaño y juegos de mano".

Satanás usará al hombre para detener su impulso. Una mala relación puede detener su impulso. Una buena relación puede darle impulso.

Cuando los israelitas salieron de Egipto, ellos tenían impulso. Cuando Balac (el rey de Moab) vio el pueblo de Israel, él llamó a Balaam para que los maldijera. Él intentó usar brujería para detener su progreso.

## LOS MILAGROS DAN IMPULSO

Los milagros tienen el poder de dar impulso. El Señor desea hacer milagros a través de su pueblo para darnos el impulso que necesitamos para realizar un impacto para Él. Los milagros tienen el poder para atraer a multitudes hacia el reino en un periodo corto. El ministerio de Jesús impactó a una nación entera por sus milagros.

> Y recorrió Jesús toda Galilea, enseñando en las sinagogas de ellos, y predicando el evangelio del reino, y sanando toda enfermedad y toda dolencia en el pueblo.
>
> Y se difundió su fama por toda Siria; y le trajeron todos los que tenían dolencias, los afligidos por diversas enfermedades y tormentos, los endemoniados, lunáticos y paralíticos; y los sanó.
>
> Y le siguió mucha gente de Galilea, de Decápolis, de Jerusalén, de Judea y del otro lado del Jordán.
>
> —MATEO 4:23-25

El ministerio de Jesús cobró tremendo impulso a través de los milagros que Él realizó. Las multitudes lo seguían. Jesús adquirió tanto impulso que los líderes religiosos pensaron que solamente la muerte lo detendría. Ellos planificaron la muerte de Jesús para así detener su impulso.

> Entonces los principales sacerdotes y los fariseos reunieron el concilio, y dijeron: ¿Qué haremos? Porque este hombre hace muchas señales. Si le dejamos así, todos creerán en él; y vendrán los romanos, y destruirán nuestro lugar santo y nuestra nación.
>
> —Juan 11:47-48

> Gran multitud de los judíos supieron entonces que él estaba allí, y vinieron, no solamente por causa de Jesús, sino también para ver a Lázaro, a quien había resucitado de los muertos. Pero los principales sacerdotes acordaron dar muerte también a Lázaro, porque a causa de él muchos de los judíos se apartaban y creían en Jesús. El siguiente día, grandes multitudes que habían venido a la fiesta, al oír que Jesús venía a Jerusalén, tomaron ramas de palmera y salieron a recibirle, y clamaban: ¡¡Hosanna!! ¡Bendito el que viene en el nombre del Señor, el Rey de Israel!
>
> Pero los fariseos dijeron entre sí: Ya veis que no conseguís nada. Mirad, el mundo se va tras él.
>
> —Juan 12:9-13, 19

El levantamiento de Lázaro de los muertos fue la gota que colmó la copa. Los líderes religiosos estaban tan molestos y preocupados por el impulso del ministerio del Señor, que hasta hablaron de matar a Lázaro. Los milagros no tienen sustitutos.

Los milagros son la manifestación del poder de Dios en la tierra para romper el poder de las fuerzas demoniacas y liberta a las personas para recibir la verdad del evangelio. El ser humano siempre será atraído a los milagros. Hay un deseo en cada uno de nosotros de ver lo sobrenatural. Algunos consideran la sanidad y los milagros el llamado de Dios para la salvación.

Cuando los líderes religiosos intentaron detener el impulso de la iglesia primitiva, la oración del pueblo de Dios era que el Señor les extendiera su mano para sanar y hacer señas y prodigios en el nombre de Jesús (Hechos 4:30).

Las señales y prodigios no solamente nos dan impulso, pero también nos ayudan a mantener el impulso. Una iglesia que realiza milagros, es una iglesia que continuará la marcha triunfante por la tierra.

Una liberación. Un milagro. Una sanidad. Una visión. Una palabra profética. Una relación es todo lo que se necesita para iniciar el impulso. Un sermón que usted escuche. Una conferencia a la que usted asista. Una palabra profética que usted reciba…puede lanzarlo y darle el impulso que usted necesita para seguir hacia delante y ser victorioso.

No desprecie el día de las cosas pequeñas. Los huracanes comienzan como una tormenta pequeña que cobra impulso. Usted quizá no hace mucho ahora mismo, pero dé un paso a la vez y tome impulso a medida que se mueva.

## ORACIONES PARA DESATAR EL PODER DE DIOS

Señor, derrama tu poder glorioso en contra del enemigo (Éxodo 15:6).

Que la fuerza y el poder se derramen de tu mano (1 Crónicas 29:12).

Dispersa al enemigo con tu poder (Salmo 59:11).

Gobierna sobre tus enemigos con tu poder (Salmo 66:7).

Que el poder de tu ira se derrame en contra de los poderes de la oscuridad (Salmo 90:11).

Desato el poder y la autoridad del Señor en contra de todos los demonios a los que enfrente, en el nombre de Jesús (Mateo 10:1).

---

Dios me liberó del poder de Satanás (Hechos 26:18).

---

Divide el mar y destruye a los espíritus marinos por medio de tu poder (Job 26:12).

---

Soy fuerte en el Señor y en el poder de su fuerza (Efesios 6:10).

---

Haz que los poderes de la oscuridad se sometan a tu poder.

---

Muestra tu asombroso poder para que los hombres crean.

---

Derrama tu poder en sanidad y liberación (Lucas 5:17).

---

Manifiesta tu voz potente (Salmo 29:4).

---

Hazme asombrarme con tu poder (Lucas 9:43).

---

Que tu gran poder se libere a través de tus apóstoles (Hechos 4:33).

---

Que las señales, maravillas y milagros se derramen a través del poder del Espíritu Santo (Romanos 15:19).

---

Que predique y enseñe con el respaldo del Espíritu y de poder (1 Corintios 2:4).

---

Que tu poder obre en mí (Efesios 3:20).

---

Envía a tus ángeles poderosos a que peleen mis batallas en los cielos (2 Pedro 2:11 y Apocalipsis 18:1).

---

Derrama el poder del Elías a través de tus profetas (Lucas 1:17).

---

Que esté dispuesto en el día de tu poder (Salmo 110:3).

## ORACIONES POR AUDACIA Y VALOR

Soy confiado como un león (Proverbios 28:1).

Tengo seguridad y acceso con confianza por medio de la fe en Cristo (Efesios 3:12).

Tengo mucha libertad en Cristo (Filemón 1:8).

Tengo libertad para entrar en el Lugar Santísimo por la sangre de Jesucristo (Hebreos 10:19).

Señor, concédeme el valor para hablar tu palabra con denuedo (Hechos 4:29).

Señor, mi oración es que pueda abrir mi boca para dar a conocer con denuedo el misterio del evangelio (Efesios 6:19).

Que yo pueda tener valentía para hablar tu Palabra sin temor (Filipenses 1:14).

Tengo mucha confianza en la fe que es en Cristo Jesús (1 Timoteo 3:13).

Me acerco confiadamente al trono de la gracia para alcanzar misericordia y hallar gracia para el oportuno socorro (Hebreos 4:16).

Digo con denuedo: "El Señor es mi ayudador; no temer lo que me pueda hacer el hombre" (Hebreos 13:6).

Tengo confianza en el día de juicio; pues como él es, así somos nosotros en este mundo (1 John 4:17).

Que el hombre vea mi denuedo y sepa que he estado con Jesús (Hechos 4:13).

Que yo sea lleno del Espíritu Sato y hable la Palabra de Dios con denuedo (Hechos 4:31).

Esperaré en el Señor y tendré valor y Él alentará mi corazón (Salmo 27:14).

Seré fuerte y valiente; no tendré miedo porque el Señor está conmigo dondequiera que vaya (Josué 1:9).

Seré valiente para procurar hacer todo lo que el Señor me ha dicho (Josué 23:6).

Tengo valor.

Seré valiente y el Señor estará conmigo (2 Crónicas 19:11).

## Capítulo 6

# LOS LADRONES QUE VIENEN A MATAR Y DESTRUIR UNA BUENA VIDA

*El ladrón no viene sino para hurtar y matar y destruir; yo he*
*venido para que tengan vida, y para que la tengan en abundancia.*

—Juan 10:10

Al comienzo de la Segunda Guerra Mundial, Adolf Hitler y el grupo Nazi de Alemania tuvieron impulso. A través de un plan de batalla conocido como "blizkrieg", ellos consiguieron invadir a países de manera inadvertida y lograron victorias rápidas y fáciles. El impulso de Alemania los hizo llevar la delantera de la guerra. Sin embargo, los aliados eventualmente detuvieron el impulso de Hitler.

Lo que hizo cambiar la dirección en la que iba la guerra fue la Batalla de Stalingrado en Rusia. Las temperaturas bajaron a 40 grados bajo cero. Las tropas no tenían la ropa adecuada para protegerse del frío y sufrieron de congelación. Los tanques y las armas dejaron de funcionar. El invierno ruso detuvo las tropas de Hitler y más de trecientos mil murieron o fueron capturados. Desde allí, el impulso comenzó a cambiar y fue cuestión de tiempo que Hitler y Alemania cayeran.

Hitler pudo haber aprendido de Napoleón que un invierno ruso puede detener el impulso de un ejército. A comienzos del 1800, las tropas de Napoleón cruzaron a través de Europa. Su gran impulso hizo que sus tropas fueran invencibles. Hasta que su impulso fue detenido por el invierno ruso cuando él decidió invadir Moscú. De los seiscientos mil hombres en las fuerzas de Napoleón, más de quinientos mil fueron asesinados, capturadas o murieron de enfermedades.

Así mismo existen inviernos rusos que detienen nuestro

impulso y no nos permiten ver las victorias y los éxitos en diferentes áreas de nuestras vidas. En el capítulo anterior mencioné que la falta de sabiduría en su vida asegura problemas y lo priva de oportunidades. Obtener sabiduría es su responsabilidad. Usted le puede pedir a Dios que se la dé y Él se la dará sin reservas. Por otro lado, está el trabajo del enemigo.

La Biblia dice que el diablo viene a robar, hurtar y destruir (Juan 10:10). Él tiene una estrategia en contra de usted para detener todo lo que Dios ha diseñado que usted sea. Es importante saber las trampas que el diablo ha puesto delante de usted para robar su paz. El conocer estas trampas le dará la ventaja para resistirlo y mantener su posición de victoria. (Vea Efesios 6:11; Santiago 4:7; y 2 Corintios 2:11).

## Los controladores y los manipuladores

¡Oh gálatas insensatos! ¿Quién os hechizó, para no obedecer a la Verdad...

—Gálatas 3:1 (jbs)

Vosotros corríais bien; ¿quién os estorbó para no obedecer a la verdad?

—Gálatas 5:7

La traducción Knox[1] dice: "Gálatas insensatos, quién los ha hechizados".

Cuando una persona viene bajo el control de otra o está bajo un hechizo, eso es brujería. La traducción Godspeed[2] de Gálatas 5:7 dice: "Había hecho grandes progresos".

Tenga cuidado de las relaciones equivocadas. Las personas controladoras y manipuladoras detendrán su impulso. Los gálatas habían perdido impulso cuando entraron bajo el control de los maestros legalistas. Tenga cuidado del legalismo. El legalismo detendrá su impulso espiritual.

Párese firme en la libertad. Mantenga su libertad en el Espíritu. Manténgase libre en el Espíritu. Siga la nube de Dios. Algunas personas se quedan fijas en movimientos pasados. Se detuvieron para construir un monumento. Ellos se negaron a pasar hacia el próximo mover de la mano de Dios. Cada mover de Dios está diseñado para darle impulso para el próximo mover. No permita que nada lo detenga de obedecer a Dios.

La religiosidad detendrá su impulso. Muchos creyentes permiten que el control religioso los detenga. Los espíritus de control son del enemigo. Las relaciones basadas en temor, control e intimidación son del enemigo. Las relaciones que vienen de Dios lo ayudará a tener y a mantener su impulso. Por el contrario, las relaciones del enemigo causará que usted se detenga y pierda su impulso.

## EL PECADO OCULTO

> Y subieron allá del pueblo como tres mil hombres, los cuales huyeron delante de los de Hai. Y los de Hai mataron de ellos a unos treinta y seis hombres, y los siguieron desde la puerta hasta Sebarim, y los derrotaron en la bajada; por lo cual el corazón del pueblo desfalleció y vino a ser como agua.
>
> —Josué 7:4-5

Hai fue la segunda guerra que Israel peleó luego de entrar a Canaán. La primera guerra fue Jericó. Ellos destruyeron a Jericó y parecían tener el impulso que necesitaban para vencer a Hai. Aunque Hai parecía ser una victoria fácil en lo natural, fueron derrotados. Acán había traído un hechizo sobre Israel con participar en actos malditos.

Como resultado, Israel no pudo ir en contra de sus enemigos. Por la transgresión de un hombre, Israel perdió su impulso. Ellos estaban completamente detenidos. Josué tuvo que orar para recibir revelación de por qué Israel había caído delante de Hai.

Josué 7:1 dice que fue un acto de "transgresión". La palabra *transgredir* en hebreo es la palabra *maal* que significa pecado, falsedad, transgresión. También significa traición, actuar de manera encubierta o traidoramente, o cubrir algo. Esto es exactamente lo que Acán hizo. Él escondió el oro y la plata que se había robado y pensó que así podía cubrir su pecado.

Esto nos da una pista de lo que nos detiene de alcanzar éxito. El pecado nos detiene, pero los pecados *ocultos* nos pueden dañar aún más. El pecado oculto de Acán detuvo el impulso y el progreso de Josué y los ejércitos de Israel.

Jericó fue una victoria grande. Luego de la caída de Jericó, cada nación en Canaán escuchó de su derrota. Esta gran victoria le dio a Israel el impulso que necesitaba para seguir y poseer a Canaán. Recuerde, cada victoria le da el impulso para la próxima batalla. Israel no debió haber tenido problema con vencer a Hai. Era una cuidad pequeña en comparación a Jericó. Los israelitas estaban tan seguros de su victoria sobre Hai hasta que no enviaron a su ejército entero a pelear. Pero la derrota en Hai fue el resultado de un pecado oculto.

Los pecados ocultos destruirán su avance hacia la victoria. Cualquier cosa que pueda perjudicar su éxito en Dios necesita ser eliminado de su vida. Cualquier relación, hábito, o actos que lo llevan a pecar, deben ser eliminados de su vida si usted quiere mantener el impulso espiritual.

Pregúntese lo siguiente: ¿Qué es lo que siempre me detiene de seguir hacia delante? ¿Es algún hábito en particular que no he podido romper? ¿Será una relación que no puedo terminar? ¿Será coraje, lujuria, temor, desaliento, dolor, amargura, resentimiento?

Usted debe apartar y eliminar de su vida todo aquello que detenga su impulso. No hay pecado oculto que merezca detenerlo de las cosas que resultan del pacto de Dios.

## LA PROCRASTINACIÓN

Jesús sabía a temprana edad que Él tenía que estar en los negocios de su Padre. Algunas personas siempre sueñan con el mañana sin hacer nada hoy. Lo que usted haga hoy determinará su éxito mañana. Él éxito viene como resultado de la acción.

Las personas que procrastinan tienen muchas excusas. Usted

debe eliminar cada excusa que lo detenga de lo que ha sido llamado a hacer. La excusa de Moisés fue su tartamudez. El de Jeremías fue su juventud. No hay excusa que justifique detener nuestro movimiento hacia el éxito en Dios. La gracia de Dios es suficiente. Los ganadores no permiten que las excusas detengan su victoria.

## LA PASIVIDAD Y LA PEREZA

> La pereza prevalece sobre los fieles a menos que hagan algo al respecto.[3]
>
> —JUAN CALVINO

Algunas personas son muy pasivas y perezosas como para mantener una vida victoriosa. Las personas exitosas son hacedoras de la Palabra (Santiago 1:22). La pereza es apatía, monotonía, inactividad, indolencia, decaimiento, letanía, falta de vida, desgana, pasividad, lentitud, alargamiento, cansancio. La pereza es una aversión del trabajo o esfuerzo. Una persona perezosa tiene la característica de un perezoso. El perezoso se mueve lentamente y es un animal inactivo.

La pereza lo mantendrá en cautiverio. "La mano de los diligentes señoreará; mas la negligencia será tributaria" (Proverbios 12:24).

El perezoso está enredado. El camino del perezoso es doloroso. "El camino del perezoso es como seto de espinos [lo picotea, lacera, y lo enreda]; mas la vereda de los rectos, como una calzada" (Proverbios 15:19).

La pereza le abre camino a la pobreza. "La pereza hace caer en profundo sueño, y  el alma negligente padecerá hambre" (Proverbios 19:15).

La pereza lo puede guiar hacia la muerte. "El deseo del perezoso le mata, porque sus manos no quieren trabajar" (Proverbios 21:25).

La pereza causará que su vida se venga abajo. La pereza lo dirige hacia la decadencia. "Pasé junto al campo del hombre perezoso, y junto a la viña del hombre falto de entendimiento;

y he aquí que por toda ella habían crecido los espinos, ortigas habían ya cubierto su faz, y su cerca de piedra estaba ya destruida" (Proverbios 24:30-31). Y Eclesiastés 10:18 dice: "Por la pereza se cae la techumbre, y por la flojedad de las manos se llueve la casa".

Si queremos experimentar la provisión completa del pacto de Dios en nuestras vidas, no podemos ser perezosos y pasivos. Hay partes del rompecabezas que requieren trabajo. Tenemos que ser cautelosos para actuar cuando Dios nos pide que nos movamos a hacer algo. Romanos 12:11 nos insta a no ser perezoso en los negocios sino "fervientes en espíritu, sirviendo al Señor".

## Ganarle la batalla a la cama

La cama puede ser su peor enemigo. Hay muchas personas atrapadas por su cama. El sueño puede ser su pero enemigo. Todo el mundo necesita dormir, pero muchos duermen demasiado, y muchos se encuentran espiritualmente dormidos. Si usted desea ser éxito en la vida, debe ganarle la batalla a su cama. Usted debe poder levantarse y orar cuando sea necesario.

> La pereza hace caer en profundo sueño, el alma negligente padecerá hambre.
> —PROVERBIOS 19:15

La Biblia habla de los peligros de la pereza. Mateo 26:40 nos habla de cuándo Jesús le pidió a sus discípulos que oraran con Él, pero cuando él regresó a verlos, los encontró dormidos. Él les preguntó: "¿Así que no habéis podido velar conmigo una hora?". Los discípulos dormían cuando debieron haber estado orando. La batalla de la cama resultará en la falta de oración.

Sueño excesivo, igual que la pereza, le abrirá la puerta a la pobreza. Proverbios 6:9-11 dice:

> Perezoso, ¿hasta cuándo has de dormir? ¿Cuándo te levantarás de tu sueño? Un poco de sueño, un poco de dormitar, y cruzar por un poco las manos para reposo; así vendrá tu necesidad como caminante, y tu pobreza como hombre armado.

Proverbios 20:13 dice, "No ames el sueño, para que no te empobrezcas; abre tus ojos, y te saciarás de pan".

El sueño profundo puede ser el juicio de Dios: "Porque Jehová derramó sobre vosotros espíritu de sueño, y cerró los ojos de vuestros profetas, y puso velo sobre las cabezas de vuestros videntes" (Isaías 29:10).

Los guardianes no deben estar dormidos: "Ciegos están todos los guardianes de Israel; ninguno de ellos sabe nada. Todos ellos son perros mudos, que no pueden ladrar. Se acuestan y desvarían; les encanta dormitar" (Isaías 56:10, NVI).

El sueño puede hacerle más susceptible a la tentación. Cuando Jesús terminó de orar y regresó a sus discípulos, Él los encontró durmiendo y les dijo: "¿Por qué dormís? Levantaos, y orad para que no entréis en tentación" (Lucas 22:46). Primera Tesalonicenses 5:6 dice: "Por tanto, no durmamos como los demás, sino velemos y seamos sobrios".

Hay un espíritu de pereza: "Como está escrito: 'Dios los puso a dormir. Les cerró los oídos para que no pudieran oír, y así siguen hasta el día de hoy'" (Romanos 11:8, PDT).

Muchos recurren a la cama en busca de consuelo: "Cuando digo: Me consolará mi lecho, mi cama atenuará mis quejas" (Job 7:13).

Algunos usan la cama para meditar en las vigilias de la noche: "Cuando me acuerde de ti en mi lecho, cuando medite en ti en las vigilias de la noche" (Salmo 63:6).

David le ganó la batalla a la cama. ¿Podría esto ser el secreto de tantas victorias? Salmo 132:1-5 dice: "Acuérdate, oh Jehová, de David, y de toda su aflicción; de cómo juró a Jehová, y prometió al Fuerte de Jacob: no entraré en la morada de mi casa, ni subiré sobre el lecho de mi estrado; no daré sueño a mis ojos, ni a mis párpados adormecimiento, hasta que halle lugar para Jehová, morada para el Fuerte de Jacob".

Los periodos de oración en las vigilias de la noche nos permiten meditar en las cosas que Dios ha hecho en nuestras vidas y nos dan tiempo para meditar en su Palabra: "A medianoche me levanto para alabarte por tus justos juicios" (Salmo 119:62). Y Salmo 119:148 dice: "Se anticiparon mis ojos a las vigilias de la noche, para meditar en tus mandatos".

Existen trastornos del sueño que mantienen a algunas personas atadas a la cama, y hay un temor que paraliza y hace que uno se quede dormido e inactivo. La pereza es otro elemento que no debe tener lugar en la vida del creyente. Ore y pídale a Dios que le dé la sabiduría para salir del espíritu de la pereza. El ayuno y oración es una buena estrategia espiritual para obtener victorias sobre la cama. Vea el capítulo 7 para leer más acerca del ayuno.

## EL DOBLE ÁNIMO

> El hombre de doble ánimo es inconstante en todos sus caminos.
> —SANTIAGO 1:8

Algunas personas nunca alcanzan el éxito porque nunca pueden tomar una decisión. Son muy indecisas. Ellos nunca pueden decidir qué dirección tomar. La traducción *Godspeed* dice en Santiago 1:8 describe a la persona de doble ánimo como: "...una persona indeterminada como él, que está inseguro de todo lo que hace". La traducción *Weymouth*[4] dice: "...ser un hombre de doble ánimo, indeciso en todos los caminos que toma".

Una vida buena, llena de favor no toca a su puerta. Usted tienen que tomar unos pasos hacia él. El recibir lo que Dios le ha prometido comienza con un primer paso, una decisión. No permita que el doble ánimo lo cohíba de tomar ese primer paso. Decida hacer algo. Sé una persona de acción. Jesús conocía la voluntad de su Padre y se movió en dirección a ella. Puede que usted comience lentamente, pero en la medida en que cobre impacto, usted recibirá resultados. La jornada de mil millas comienza con pequeños pasos.

## Cómo recuperar el impulso

> Retome su impulso y camine hacia el éxito Porque mis enemigos están vivos y fuertes, y se han aumentado los que me aborrecen sin causa.
>
> —Salmo 38:19

Cuando David pecó, él perdió su impulso y eso le dio ventaja a sus enemigos. Los enemigos de David tenían impulso en contra de él. El impulso lo tendrá usted o su enemigo. David perdió impulso a causa de su pecado. De modo que Absalón cobró impulso y lo usó cuando trató de retomar el reino. A través de los Salmo, David oró y se arrepintió. Esto nos muestra una clave importante para retomar nuestro impulso, el arrepentimiento.

> Déjame, y tomaré fuerzas, antes que vaya y perezca.
>
> —Salmo 39:13

Cuando hemos perdido nuestro impulso, y el enemigo ha cobrado impulso, necesitamos la misericordia del Señor. Solamente el Señor puede detener el impulso del enemigo.

> Vuelvan atrás y avergüéncense los que mi mal desean.
>
> —Salmo 40:14

El ayuno y la oración lo ayudará a retomar impulso. El ayuno y la oración levantará una pauta en contra del enemigo. El ayuno hace que las tropas del enemigo retrocedan (Joel 2:20).

> …afligí con ayuno mi alma.
>
> —Salmo 35:13

> Mis rodillas están debilitadas a causa del ayuno, y mi carne desfallece por falta de gordura.
>
> —Salmo 109:24

Cuando los enemigos de David prevalecieron, él utilizó la clave del ayuno para detener el impulso de sus enemigos. Por medio del ayuno y la oración, él retomó el territorio que había perdido y alcanzó victoria. La batalla se volvió en contra de su enemigos y a su favor. El ayuno y la oración hacen que el enemigo retroceda. Usted debe conocer cómo quitarle el impulso al enemigo y retomar el suyo. Es aún mejor que usted mantenga su movimiento hacia adelante y que nunca lo pierda.

Por otro lado, si usted ha perdido su impulso, ¡no se rinda! Usted puede retomar su impulso a través del arrepentimiento, el ayuno y la oración. Debemos recordar que nuestro Dios es el Padre de misericordias (2 Corintios 1:3). Podemos entrar confiadamente al trono de la gracia y obtener misericordia, y encontrar la gracia que nos ayuda en el tiempo de necesidad (Hebreos 4:16).

El Señor escuchará su oración, derramará su misericordia, lo restaurará y lo ayudará a retomar su impulso. Si usted ha perdido su impulso, pase tiempo en ayuno y oración, en el próximo capítulo hablaré más sobre esto. Por medio del ayuno, usted comenzará a ver su vida espiritual y física fortalecerse.

A pesar de la caída de David, él sabía que el Señor es misericordioso. El arrepentimiento, la oración y el ayuno de David causaron que retomara su lugar en el camino hacia la victoria duradera que ha sido ungida para ser restaurada en el reino de Dios.

## NUNCA MÁS: CONFESIONES QUE BLOQUEARÁN LOS LADRONES DEL ÉXITO Y LA PROSPERIDAD

Nunca más permitiré que la pobreza y la carencia controlen mi vida, porque mi Dios suple todo lo que me falta conforme a sus riquezas en gloria en Cristo Jesús (Filipenses 4:19).

Nunca más tendré escasez, porque tengo abundancia (Génesis 27:28).

Nunca más tendré escasez, porque tendré plata en abundancia (Job 22:25)

Nunca más tendré escasez, porque tendré sobreabundancia de bienes (Deuteronomio 28:11).

Nunca más me faltará nada porque prosperaré conforme a profecía (Esdras 6:14).

Nunca más sembraré sin cosechar, sino que segaré donde otros han sembrado (Juan 4:28).

Nunca más recibiré mi jornal en saco roto (Hageo 1:6).

Nunca más tendré escasez de gloria (*kabowd*), honor, abundancia, riquezas, esplendor, dignidad, reputación y la reverencia (Salmo 84:11).

Nunca más seré pobre, porque el Señor se hizo pobre para que por su pobreza yo fuera enriquecido (2 Corintios 8:9).

Nunca más viviré sin los deseos de mi corazón, porque me deleitaré en el Señor (Salmo 37:4).

Nunca permitiré que la avaricia controle mi vida, porque soy generoso (Proverbios 11:25).

Nunca más permitiré que el enemigo devore mis finanzas, porque el Señor ha reprendido al devorador por mí (Malaquías 3:11).

Nunca más dejaré de dar, porque cuando doy, me es dado; medida buena, apretada, remecida y rebosando (Lucas 6:38).

Nunca más dejaré que el temor me detenga de ser generoso.

Nunca más permitiré que las deudas controlen mi vida, porque prestaré a muchas naciones pero no tomaré prestado, porque el que pide prestado es esclavo de su acreedor (Proverbios 22:7).

Nunca más permitiré que la duda y la incredulidad me detenga de creer en las promesas de Dios (Hebreos 3:19).

Nunca más pensaré en la pobreza y escasez, porque cual es su pensamiento en su corazón, tal es él (Proverbios 23:7).

Nunca más mis canastas y artesa de amasar estarán vacías, porque son benditas (Deuteronomio 28:5).

Nunca más permitiré que la pereza domine mi vida, porque la pereza hace caer en profundo sueño (Proverbios 19:15).

Nunca más permitiré que Satanás robe mi finanzas, pero tengo vida en abundancia (Juan 10:10).

Nunca más limitaré lo que Dios puede hacer en mi finanzas y en mi vida (Salmo 78:41).

Nunca más toleraré escasez, porque Dios me da en abundancia (Deuteronomio 28:47).

Nunca más tendré solo lo suficiente, porque El Shaddai me da más que suficiente (Génesis 17:1-2).

Nunca más utilizaré mi dinero para fines pecaminosos (Ezequiel 16:17).

Nunca más el enemigo me detendrá de mis bendiciones.

Nunca más dudaré el deseo de tiene de prosperarme, porque el Señor ama la paz de siervo (Salmo 35:27).

Nunca más seré puesto por cola, Jehová me pondrá por cabeza (Deuteronomio 28:13).

Nunca más pediré prestado, sino que prestaré (Deuteronomio 28:12).

Nunca más estaré detrás, sino en frente (Deuteronomio 25:18).

Nunca más creeré que no tengo el poder para hacer riquezas, porque Dios me da el poder para hacer riquezas al fin de confirmar su pacto (Deuteronomio 8:18).

Nunca más me faltará ningún bien, porque buscaré al Señor (Salmo 34:10).

Nunca más me faltará prosperidad, pero todo lo que haga prosperará, porque mi delicia está en la ley de Señor (Salmo 1).

Nunca más faltará ungüento sobre mi cabeza (Eclesiastés 9:8).

Nunca más permitiré que las circunstancias me roben el gozo, porque el gozo del Señor es mi fuerza (Nehemías 8:10).

Nunca más me faltará favor en mi vida, porque el favor del Señor me rodeará como un escudo (Salmo 5:12).

Nunca más satisfaré los deseos de la carne en lugar de andar en el Espíritu (Gálatas 5:16).

Nunca más permitiré que mi carne haga su voluntad. Estoy crucificado junto con Cristo (Gálatas 2:20).

Nunca más caminaré en las obras de la carne, sino que manifestaré los frutos del Espíritu (Gálatas 5:22-23).

Nunca más seré débil, pues fuerte soy (Joel 3:10).

Nunca más seré oprimido, porque estoy lejos de la opresión (Isaías 54:14).

Nunca más estaré deprimido.

Nunca más seré oprimido y atormentado por demonios, porque he sido librado de la potestad de las tinieblas y trasladado al reino del Hijo amado de Dios (Colosenses 1:13).

Nunca más permitiré que la perversión e inmoralidad sexual controlen mi vida; Huyo de la fornicación (1 Corintios 6:18).

Nunca más disfrutaré lo que el Señor prohíbe (2 Corintios 6:17).

Nunca más permitiré que la mundanería y la carnalidad controlen mi vida (1 Juan 2:15).

Nunca más me conformaré a este siglo (Romanos 12:2).

Nunca más permitiré que la ira controle mi vida, sino que seré tardo para airarme y no pecaré (Proverbios 16:32; Santiago 1:19).

Nunca más me molestaré del éxito de otra persona, sino que me gozaré de su éxito (Romanos 12:10, 15).

Nunca más permitiré que la falta de perdón y la amargura controlen mi vida (Efesios 4:31).

Nunca más permitiré que el desánimo y la depresión controlen mi vida, sino que lo alabaré a Él, salvación mía y Dios mío (Salmo 42:5).

Nunca más permitiré que los celos y la envidia entren en mi corazón, porque la envidia es carcoma de los huesos (Proverbios 14:30).

## Capítulo 7

# AVANCE PARA OBTENER VIDA Y FAVOR A TRAVÉS DEL AYUNO Y LA ORACIÓN

*El día veinticuatro del mismo mes se reunieron los hijos de Israel en ayuno, y con cilicio y tierra sobre sí. A causa, pues, de todo esto, nosotros hacemos y la escribimos, firmada por nuestros príncipes, por nuestros levitas y por nuestros sacerdotes.*

—Nehemías 9:1, 38

EL AYUNO ES una forma de renovar nuestro pacto con el Señor y experimentar el favor que Él tiene para nuestras vidas. Ayunar ayuda a restaurar a los creyentes caídos. Ayunar es parte de renovar nuestro pacto con las cosas de Dios. Los beneficios del ayuno son grandes. Muchos creyentes no están conscientes de los beneficios que vienen por medio del ayuno. El entender los grandes beneficios que tiene el ayuno motivará a más creyentes a hacerlo parte de su diario vivir.

Ayunar también aumenta la unción que rompe. ¿Existen cosas en la vida de usted o la vida de sus familiares que necesitan romperse? El ayuno puede desatar la unción del rompimiento. El profeta Miqueas profetizó el día del rompimiento delante de su pueblo. Vivimos en los días de rompimiento.

> Subirá rompedor delante de ellos; romperán y pasarán la puerta, y saldrán por ella; y su Rey pasará delante de ellos, el SEÑOR por su cabeza.
> —Miqueas 2:13 (jbs)

El Señor es un rompedor. Él es capaz de romper cualquier obstáculo u oposición por el pueblo con el que ha pactado. Hay una unción que rompe levantándose en la iglesia. Hoy vemos y experimentamos más victorias que nunca antes. Ayunar causará que victorias continúen en las familias, las ciudades, las naciones, las finanzas, el crecimiento de la iglesia, la salvación, la sanidad y la liberación. Esta unción ayudará a los creyentes romper todas las oposiciones del enemigo.

En nuestras vidas hay espíritus que no pueden echarse fuera sin el ayuno. Algunos creyentes luchan con ciertas limitaciones que parecen no poder vencer. Una revelación de cómo los pactos y el ayunar trabajan conjuntamente cambiará esto y resultará en victorias y éxitos que normalmente no se podrían alcanzar. Una vida de ayuno constante causará que se manifiesten muchas victorias. La voluntad de Dios es que sus creyentes de pactos vivan una vida de victoria y perfecta paz y que nada les sea imposible.

Vemos en Mateo 17:21 que hay espíritus tercos que solamente responden al ayuno y la oración. Estos tienden a ser fortalezas generacionales que sujetan firmemente a familias y naciones por años. Estas fortalezas incluyen la pobreza, enfermedad, hechicería, impureza sexual, orgullo, temor, confusión, y problemas matrimoniales. Ayunar le ayudará a vencer estas fortalezas y romper con las limitaciones.

> Por eso pues, ahora, dice Jehová, convertíos a mí con todo vuestro corazón, con ayuno y lloro y lamento. Rasgad vuestro corazón, y no vuestros vestidos, y convertíos a Jehová vuestro Dios; porque misericordioso es y clemente, tardo para la ira y grande en misericordia, y que se duele del castigo.
>
> —JOEL 2:12-13

Los demonios que vienen en contra de su vida son diferentes en cuanto a maldad. Hay demonios que son más maliciosos, impuros, fuertes, tercos, de mayor rango, habilidad e inteligencia. Mientras más tiempo el demonio lleve en la familia o en la vida de la persona, más difícil es eliminarlo porque sus raíces son profundas. Los demonios como la rebelión, orgullo, hechicería, Jezabel, pobreza, y escasez pueden ser echados fuera con gran medida de fe.

A veces parece que estos demonios no pueden ser expulsados,

y las personas se desanimarán, se frustrarán y sentirán que han fracasado. En Mateo 17 los discípulos de Jesús se encontraron con un niño atormentado por un demonio y su incredulidad no les permitió echarlo. La incredulidad nos imposibilita trabajar con fortalezas. Se requiere de fe para desplazar al enemigo. Ayunar le ayudará a vencer la incredulidad y construir una fe firme.

Esta es la combinación sobrenatural que Jesús le dio a sus discípulos en Mateo 17: la oración y el ayuno. Esto no quiere decir que cuando ayuna acumulará puntos con Dios o puede ganarse la bendición de Dios. Nosotros no ayunamos para ser salvos, para agradar a Dios, o para ir al cielo. No hay ley que diga que si usted no ayuna irá al infierno. Ayunamos para obtener victorias y avivamientos, en nuestras victorias y éxitos en Dios, y por nuestra familia y seres queridos. El arma de nuestra batalla no es carnal, sino poderosa por medio de Dios.

Algunas cosas requieren ayuno y oración. No hay otra manera. Existen ciertos demonios que simplemente no se rinden. Son fuertes, orgullosos, arrogantes y desafiantes. A veces usted tiene que hacer algo inusual, extraordinario y fuera de lo normal para obtener la victoria. Una iglesia normal, un cristianismo normal, prédicas normales y oraciones normales no realizan el trabajo. Una simple oración no lo logra. La religión tampoco. Se necesita una unción que destruya el yugo.

Cuando usted ayuna, la unción aumenta en su vida porque está envuelto en el espíritu. La autoridad de Dios, el poder de Dios y la fe en Dios cobran vida cuando usted pone de lado ciertas cosas y ayuna. Usted se volverá más y más fuerte. Gritar no lo logra. Es la unción lo que lo logra.

Isaías 58 habla acerca de cómo podemos romper cada yugo para remover las cargas pesadas. Como mencionamos en el capítulo 6, hay algunas cosas que intentan ir en contra del plan de Dios para su vida. Tratan de cegarlo y detenerlo. Pero el ayuno hace espacio para que el oprimido sea libre. El ayunar rompe ataduras y causa avivamiento. Cuando trate con un asunto serio—quizá usted se encuentra frente a una situación que no sabe cómo manejar—lo mejor que puede hacer, algunas veces, es dejar de comer por un periodo. Ore en contra de lo que le sucede. El hombre probablemente no sea capaz de ayudarlo y es posible que no sepa cómo vencer la situación, pero con Dios todas las cosas son posibles.

A medida que ayune y se humille, la gracia de Dios vendrá sobre su vida. El Señor será la fuerza de su vida. Lo que no podía hacer en la carne, lo puede hacer por el Espíritu de Dios. ¡Porque no es por fuerza ni poder sino por el Espíritu del Señor que cada montaña es removida!

Las situaciones extraordinarias requieren medidas extraordinarias. Algunas veces solamente sucede cuando se desespera—cuando está tan cansado de ser derrotado y limitado en esa área.

Vamos a ver algunas victorias que no habíamos visto antes. Vamos a lograr algunos avances que no habíamos tenido antes. Vamos a ver algunos milagros que no habíamos visto antes. Echaremos algunos demonios que no habían sido echado antes. Romperemos algunas maldiciones que no querían ceder. Vamos a desarraigar asuntos generacionales que no se podían desarraigar antes. ¡Veremos un cambio! Veremos nuestras vidas ir hacia una dirección positiva. Veremos una vida de abundancia y no de escasez. Veremos paz y no conflicto.

Puede que tenga que ayunar y no solo una vez, ni dos, ni siquiera tres veces. Si tiene que hacerlo más que eso, hágalo más que eso. No se rinda. Hágalo. Hágalo hasta que sepa que tiene la victoria, hasta que logre un avance, ¡hasta que sienta que algo se rompe!

Usted se tiene que cansar tanto del diablo que diga: "Ya es suficiente. Si tengo que voltear mi plato para obtener un avance en está área, no comeré". Cuando su estómago comience a gritar, dígale que retroceda. Al final, usted ganará, ¡y tendrá la victoria! ¡Qué nuestros enemigos espirituales sean golpeados y consumidos en el nombre de Jesús!

Tiene que ser determinado: "Ningún demonio controlará mi vida. Soy un hijo de Dios y al que el Hijo libertare es verdaderamente libre. No me importa cuán terca sea la situación o cuánto trate de resistir. Voy a romper cada dedo y los pulgares del enemigo. Voy a romper sus muñecas, romper su potestad…¡Diablo, no puedes tener mi vida! ¡Veré el favor de Dios sobre me vida!".

Esta es la fe y determinación inconmovibles que el ayuno desarrollará en su vida para que haya liberación en cada área que el enemigo ha tratado de controlar.

## ALLÉGUESE AL AYUNO
## CON HUMILDAD Y SINCERIDAD

> El fariseo, puesto en pie, oraba consigo mismo de esta manera: Dios, te doy gracias porque no soy como los otros hombres…ayuno dos veces a la semana…
> —LUCAS 18:11-12

Cuando se encuentre lleno de orgullo, legalismo y religiosidad, usted puede ayunar y orar todo lo que desee, pero no verá milagros. Los fariseos no vieron milagros como resultado de sus oraciones y ayuno. Ellos no tenían poder. Jesús poseyó todos los milagros porque Él era humilde y lleno de misericordia, amor y compasión por otros.

Los fariseos no tenían nada excepto túnicas largas. Túnicas sin milagros. Ellos no podían sanar un dolor de cabeza. No podían sanar una picada de mosquito. No podían sanar un padrastro. No tenían poder porque no eran humildes ni mostraban misericordia. Jesús apareció y rompió todas las reglas. Sanó a los enfermos, resucitó a los muertos y echó fuera demonios. Entonces querían matarlo. No estaban preocupados por la gente. Estaban más preocupados por su posición y su título. Nunca llegue a un punto donde su posición o título vacíe su vida de la humildad y la misericordia de Dios. Siempre sea humilde. Siempre sea misericordioso.

Debemos allegarnos al ayuno con humildad. El ayuno debe ser

genuino y no religioso o hipócrita. Esto es lo que Dios requiere al ayunar. Debemos tener los motivos correctos al ayunar. Ayunar es una herramienta poderosa si se hace correctamente. Los musulmanes y los hindúes ayunan, pero sus ayunos son meramente religiosos. Grandes milagros y avances suceden cuando el ayuno se hace con el espíritu correcto.

Isaías 58 describe el ayuno escogido por Dios:

+ No se debe ayunar para satisfacerse a sí mismo (v. 3).
+ No se debe ayunar y maltratar a otros al mismo tiempo (v. 3).
+ No se debe ayunar por contienda o debates (v. 4).
+ El ayuno debe llevar a que uno incline su cabeza en humildad, como junco (v. 5).
+ El ayuno debe ser un tiempo de afligir el alma y arrepentirse.
+ El ayuno se debe realizar con una actitud de compasión por los perdidos y los quebrantados (v. 7).
+ Este es el ayuno que Dios promete bendecir.

El enemigo conoce el poder de la oración y el ayuno, y hará todo lo que esté en su poder para detenerlo. Los creyentes que comiencen a ayunar pueden esperar encontrarse con mucha resistencia espiritual. El creyente debe estar comprometido con un estilo de vida de ayuno. Las recompensas de ayunar sobrepasan los obstáculos del enemigo.

## CÓMO AYUNAR

Ayunar es beneficioso sea que ayune parcial o totalmente. Los ayunos constantes de un día fortalecen su espíritu a lo largo del tiempo y le darán la habilidad de disciplinarse para ayunos más largos. Los ayunos de tres días o más con solo agua son una manera poderosa de ver victorias. Los ayunos más largos de tres días se deben llevar a cargo por personas con más experiencia en ayunar.

No recomiendo los ayunos largos a menos que haya una

emergencia o uno sea guiado por el Espíritu Santo para hacerlo. Daniel ayunó veintiún días y vio un gran avance para su pueblo (Daniel 9-10). Daniel también era un profeta, y Dios usará a los profetas para ayunar por diferentes razones para ver avances. Jesús ayunó durante cuarenta días antes de comenzar su ministerio. Conozco a personas que han ayunado cuarenta días y han visto grandes victorias.

Un ayuno parcial puede incluir algunos alimentos como vegetales y se puede hacer por varios días. Los ayunos completos consisten en tomar solo agua, y el agua es importante para limpiar el sistema de toxinas que liberan al ayunar. El Espíritu Santo le revelará cuándo usted necesita ayunar. Un estilo de vida de ayuno es un estilo de vida poderoso.

## QUÉ TIPOS DE AVANCES PUEDE USTED ESPERAR COMO RESULTADO DEL AYUNO

Como creyente de pactos, poder vivir una vida llena de paz y prosperidad es parte de los beneficios de la salvación. El enemigo le peleará por esto. Es por esto que estamos en batalla. El continúa robando lo que ya ha sido reclamado para usted. Jesús le dio la autoridad a usted para detenerlo de robar las bendiciones de su pacto. Cuando usted comience a ayunar y orar para que el enemigo quite sus manos de su situación, entonces usted puede esperar que él se aleje de su vida.

**El ayuno romperá el espíritu de pobreza sobre su vida y preparará el camino para la prosperidad (Joel 2:15, 18-19, 24-26).**

El profeta Joel le dio al pueblo la respuesta apropiada a la invasión de langostas. La langosta representa demonios que devoran. La langosta representa los espíritus de pobreza y escasez. La langosta había venido sobre Israel y devoró la cosecha. Joel animó al pueblo a ayunar y al arrepentimiento. Dios prometió escuchar sus oraciones y responder al enviar pan, mosto y aceite.

En Deuteronomio 8:3, 7–9, 18 Dios permitió que la gente

pasara hambre en el desierto al alimentarlos solamente con maná. Ellos consumieron maná por cuarenta años. Esto precedió a su entrada a la Tierra Prometida. El ayuno ayuda a preparar al creyente para la buena tierra. Esta es una tierra sin escasez. Esta es una tierra sin carencias. Ayunar aflige el alma (Salmo 35:13). Dios recompensa a los que ayunan (Mateo 6:18). Se liberan tremendas bendiciones para los que entienden el poder de ayunar y lo hacen.

Ayunar es una de las manera en las que podemos romper fortalezas generacionales de pobreza. Ayunar prepara al creyente para la prosperidad al llevarlo a una posición de humildad. Dios ha prometido exaltar al humilde (1 Pedro 5:6). La promoción financiera es parte de esta exaltación. Dios da gracia (favor) al humilde (Santiago 4:6). El favor es una parte de la prosperidad financiera. Ayunar libera la gracia y el favor sobre la vida de una persona. Esto romperá el ciclo de pobreza y fracaso.

### Ayunar romperá con el poder del temor que trata de oprimirlo (Joel 2:21).

¿Desea ver cosas grandes que sucedan en su vida y en su familia? El Señor desea hacer cosas grandes por el pueblo con el que ha pactado. Ayunar romperá el espíritu de temor en su vida y le preparará el camino para que sucedan grandes cosas. Estas grandes cosas incluyen señales y maravillas.

### Ayunar hará que usted sea más fructífero (Joel 2:22).

Ayunar hace crecer el fruto de la vida del creyente. Esto incluye el fruto del Espíritu. Dios desea que su pueblo sea más fructífero. Ayunar ayuda a que nuestros ministerios, negocios y careras sean más fructíferos.

### Ayunar libera la lluvia (Joel 2:23).

La lluvia representa el derramamiento del Espíritu Santo. La lluvia también representa bendición y refrigerio. Israel necesitaba que la lluvia de bendición humedeciera la tierra para sembrar. Necesitaban la lluvia tardía para preparar la tierra para el cultivo.

Dios ha prometido dar la lluvia de bendición y refrigerio como respuesta al ayuno.

Ayunar humedece la tierra (el corazón) para sembrar la semilla (la Palabra de Dios). Ayunar causará que la lluvia caiga en lugares secos. Si usted no ha experimentado un avivamiento en su espíritu hace un tiempo, a través del ayuno el Señor puede causar que la lluvia del avivamiento caiga sobre su vida para que sea refrescado y renovado.

**Ayunar rompe las limitaciones, libera favor, y trae engrandecimiento (Ester 4:14–16).**

Ayunar fue parte del proceso de derrotar el plan de Amán de destruir a los judíos. Toda la nación de Israel fue liberada por el ayuno. Ester necesitaba el favor del rey y lo recibió como resultado del ayuno. Ayunar desata favor y trae gran liberación.

Los judíos no solo derrotaron a sus enemigos, sino que también fueron engrandecidos. Mardoqueo fue promovido y Amán fue colgado. El engrandecimiento llega a través del ayuno. Ayunar rompe con las limitaciones y le da a usted más espacio para ensanchar y crecer. Dios desea ensanchar nuestras fronteras (Deuteronomio 12:20). Dios desea que tengamos más territorio. Esto incluye territorios naturales y espirituales. Ayunar rompe las limitaciones y causa expansión.

**Ayunar dará como resultado una oración respondida (Isaías 58:9).**

La interferencia demoníaca causa que muchas oraciones sean entorpecidas. Daniel ayunó veintiún días para romper la resistencia demoníaca y recibir respuestas a sus oraciones (Vea Daniel 10). El príncipe de Persia contuvo las respuestas por veintiún días. El ayuno de Daniel ayudó a que un ángel abriera paso para traer las respuestas.

Ayunar provocará que se aceleren muchas respuestas a oraciones. Esto incluye oraciones por la salvación de seres queridos y liberación. Ayunar ayuda a romper la frustración de la oración sin respuesta.

**Ayunar libera la dirección divina (Isaías 58:11).**

Muchos creyentes tienen dificultades para tomar decisiones correcta con respecto a relaciones, finanzas, y ministerio. Esto genera contratiempos y desperdicio de tiempo a causa de decisiones insensatas. Ayunar ayudará a los creyentes a tomar las decisiones correctas por medio de la liberación de dirección divina. Ayunar elimina la confusión. Ayunar genera claridad y libera entendimiento y sabiduría para tomar decisiones correctas.

Ayunar es recomendado a aquellas personas que están por tomar decisiones importantes como el matrimonio y el ministerio.

**Ayunar romperá con maldiciones generacionales (Isaías 58:12).**

Muchos de los obstáculos que enfrentamos en la vida son generacionales. Las maldiciones generacionales resultan de la iniquidad de los padres. Los pecados generacionales como el orgullo, la rebelión, la idolatría, la hechicería, la participación en lo oculto, la masonería y la lujuria abren la puerta a que los espíritus malos operen en las familias a lo largo de generaciones. Los demonios de destrucción, fracaso, pobreza, enfermedad, lujuria y adicción son fortalezas importantes en la vida de millones de personas.

Ayunar ayuda a soltar las ataduras de maldad. Ayunar deja ir libres a los oprimidos. Ayunar nos ayuda a reconstruir lugares antiguos y arruinados. Ayunar revierte la desolación que proviene del pecado y la rebelión.

**Ayunar causará que usted obtenga gran victoria contra probabilidades imposibles (2 Crónicas 20:3).**

Josafat enfrentó la combinación del ejército de Moab, Amón y Joram. Él se encontraba ante probabilidades imposibles. Ayunar lo ayudó a derrotar a sus enemigos. Ayunar nos ayuda a obtener victoria en medio de la derrota.

Josafat convocó un ayuno porque tenía temor. El temor es otra fortaleza que muchos creyentes tienen dificultad de vencer. Ayunar romperá el poder del demonio de temor. Los espíritus de terror, pánico, horror, aprehensión y timidez se pueden vencer a través del ayuno. La libertad del temor es un requisito para vivir un estilo de vida victorioso.

## Ayunar liberará el poder del Espíritu Santo para que suceda lo milagroso (Lucas 4:14, 18).

Ayunar aumenta la unción y el poder del Espíritu Santo en la vida de un creyente. Jesús ministró en poder luego de ayunar. Él sanó a los enfermos y echó fuera demonios. Se espera que todos los creyentes realicen las mismas obras (Juan 14:12). Ayunar nos ayuda a ministrar sanidad y liberación a nuestra familias y a otros que nos rodean. Ayunar nos ayuda a caminar en el poder de Dios. Ayunar libera la unción para que sucedan milagros en su vida y en la vida de sus familiares.

## Ayunar trae una recompensa pública (Mateo 6:16-18).

Dios promete recompensar a aquellos que ayunan en secreto. Es una recompensa pública. Esto significa que la gente verá la bendición de Dios sobre su vida. Abraham es un ejemplo de alguien que creyó en la promesa de una recompensa de Dios.

> Después de estas cosas vino la palabra de Jehová a Abram en visión, diciendo: No temas, Abram; yo soy tu escudo, y tu galardón será sobremanera grande.
>
> —Génesis 15:1

La recompensa es el favor de Dios, abundancia y bendiciones. Ayunar en secreto traerá la recompensa pública de Dios. Ayunar liberará bendición, abundancia, favor y prosperidad. Aprenda el secreto de obtener la recompensa de Dios a través del ayuno en secreto. No todo el mundo necesita saber que usted está en ayuno. Conforme a la dirección del Espíritu Santo, haga esto una disciplina privada entre usted y Dios y verá cómo Él lo recompensará.

> Pero sin fe es imposible agradar a Dios; porque es necesario que el que se acerca a Dios crea que le hay, y que es galardonador de los que le buscan.
>
> —Hebreos 11:6

**Ayunar rompe con la incredulidad y la duda (Mateo 13:58; 17:20).**

> Y no hizo allí muchos milagros, a causa de la incredulidad de ellos.
>
> —Mateo 13:58

> Jesús les dijo: Por vuestra poca fe; porque de cierto os digo, que si tuviereis fe como un grano de mostaza, diréis a este monte: Pásate de aquí allá, y se pasará; y nada os será imposible.
>
> —Mateo 17:20

La incredulidad es un enemigo que opera en contra de los milagros. Jesús no pudo operar en el poder de Dios por la incredulidad de las personas. Los discípulos no podían expulsar a un demonio fuerte a causa de la incredulidad.

Es importante echar fuera la incredulidad de su vida. Y una de las maneras en que esto se puede lograr es a través del ayuno y la oración. El ayuno y la oración nos ayudan a eliminar los obstáculos de nuestra fe y acciones guiadas por fe.

Muchas personas entraron a un ministerio de sanidad durante el avivamiento de sanidad del 1948-57. Franklin Hall escribió un libro clave, *The Atomic Power With God With Prayer and Fasting*. Él llamó al ayuno la "oración sobresaliente". Él dijo que la carne tiene tres necesidades o deseos primordiales (alimento, sexo y estatus) y entre estas la necesidad de alimento es la dominante. Estos deseos naturales son válidos, pero pueden convertirse en algo muy fuerte (los deseos descontrolados son equivalente a la lujuria) con facilidad y dominarnos. Por lo tanto, el ayuno es la manera de ejercer control sobre la carne en su punto central.

El ayuno, con la oración, es una de las armas más poderosas para obtener victoria y vencer la incredulidad. Jesús procedió su ministerio con ayuno y regresó con poder del Espíritu a Galilea. Jesús no luchó con la incredulidad y operó en fe a través de su ministerio. Cuando se encuentre ante la incredulidad, lo animo a ayunar y orar para que experimente la vida y el favor que Dios tiene para su vida.

## Oraciones y declaraciones que desatan los beneficios del ayuno

Señor, yo creo en el poder del ayuno que tú escogiste (Isaías 58).

Señor, permite que mi ayuno destruya los yugos que el enemigo ha establecido en mi contra.

Que tu luz venga a mi vida a través del ayuno que tú escogiste.

Que salud y sanidad se desaten a través del ayuno que tú escogiste.

Que vea victorias de salvación y liberación en mi vida a través del ayuno que tú escogiste.

Que se desaten milagros en mi vida a través del ayuno que tú escogiste.

Que tu poder y autoridad se desaten en mi vida a través del ayuno que escogiste.

Aflijo mi alma a través del ayuno, y que tu favor me exalte.

Expulso de mi vida todo demonio terco a través del ayuno que escogiste.

Que tu bendición de pacto y misericordia se desaten sobre mí a través del ayuno que escogiste.

Nada es imposible contigo, Señor; que mis imposibilidades se conviertan en posibilidades a través del ayuno que escogiste.

Que cada asignación del infierno contra mí se rompa a través del ayuno que escogiste.

Que todo orgullo, rebelión y hechicería que operen en mi vida se destruyan a través del ayuno que escogiste.

Que tu unción crezca en mi vida a través del ayuno que escogiste.

Que disfrute la restauración a través del ayuno que escogiste.

Que toda la carnalidad se aleje de mi vida a través del ayuno que escogiste.

Que todos los hábitos e iniquidad en mí sean rotos y vencidos a través del ayuno que escogiste.

Que mis oraciones sean contestadas rápidamente a través del ayuno que escogiste.

Guíame a través del ayuno que escogiste.

Revélame tu gloria a través del ayuno que escogiste.

Que las fortalezas de las impurezas sexuales y lujuria se rompan en mi vida a través del ayuno que escogiste.

Que la enfermedad y la debilidad en mi vida se destruyan y que la sanidad venga a través del ayuno que escogiste.

Que toda la pobreza y carencia en mi vida se destruyan a través del ayuno que escogiste.

Remueve toda opresión y tormenta de mi vida a través del ayuno que escogiste.

Aflijo mi alma con ayuno (Salmo 35:13).

Volveré al Señor con ayuno, suplica y duelo (Joel 2:12).

Este "género" que enfrento saldrá de mí a través del ayuno que escogiste (Mateo 17:21).

Ayunaré de acuerdo al ayuno que el Señor escogió (Isaías 58:5).

Publicaré ayuno para afligirme delante de nuestro Dios, para solicitar de él camino derecho para mi familia y todos nuestros bienes (Esdras 8:21).

Ayuno para desatar las ligaduras de impiedad, soltar las cargas de opresión y dejar ir libres a los quebrantados, y romper todo yugo (Isaías 58:6).

Volveré mi rostro a Dios el Señor, buscándolo en oración y ruego, en ayuno, cilicio y ceniza (Daniel 9:3).

Ayunaré en secreto, y mi Padre que ve en lo secreto me recompensará en público (Mateo 6:18).

No me apartaré del templo del Señor, pero serviré a Dios de noche y de día con ayunos y oraciones (Lucas 2:37).

# Capítulo 8
# UN FUTURO LLENO
# DE ESPERANZA

*Porque yo sé los pensamientos que tengo acerca de vosotros, dice Jehová,*
*pensamientos de paz, y no de mal, para daros el fin que esperáis.*

—JEREMÍAS 29:11

DIOS TIENE PLANES grandes y poderosos para su vida. Él ha establecido su pacto para asegurar que usted viva esos planes. Él ha asegurado su futuro para que usted pueda vivir en paz mientras su conocimiento de Él crece. Él lo sustentará y protegerá. Él prosperará su camino. A través de este libro, he discutido las claves para vivir una vida llena de favor. Parte de esto es tener sentido de propósito y saber que usted cuenta con lo necesario para vivir ese propósito. Su propósito está directamente ligado con que lleve a cabo aquello para lo cual Dios lo creó. Dios tiene planes para su vida.

La Biblia dice en Jeremías 29:11 que Dios conoce lo planes que tiene para usted. Él dice: "Clama a mí y yo te responderé, y te enseñaré cosas grandes y ocultas que tú no conoces" (Jeremías 33:3). Nuestra habilidad de escuchar a Dios viene a través de la Palabra de Dios o de la profecía. Sus palabras proféticas nos traen esperanza para nuestro futuro.

> Acuérdate de la palabra dada a tu siervo, en la cual me
> has hecho esperar.
>
> —SALMO 119:49

La desesperanza y el desánimo destruirán su destino. La profecía trae esperanza y levanta el espíritu. He visto a muchos creyentes desanimados recibir ánimo a través de una palabra profética. La profecía revela los pensamientos de Dios. Los pensamientos de Dios son paz (*shalom*). Como hemos descubierto, *shalom* significa bendición, favor, salud, éxito y prosperidad.

Los pensamientos de Dios son más altos (Isaías 55:8-9). Necesitamos escuchar los pensamientos de Dios acerca de nuestras vidas. Los pensamientos de Dios lo llevarán a elevar sus pensamientos. Los pensamientos de Dios cambiarán su vida. Podemos conocer la mente de Dios (sus planes y propósitos) (Vea Romanos 11:34). Dios nos la puede revelar. El conocer los planes de Dios para su vida lo llevará a caminar en estos.

Aquí hay diez cosas que lo ayudarán a vivir de acuerdo a los pensamientos de Dios acerca de su vida.

## 1. Tenga Fe en Dios

Sin fe es imposible agradar a Dios. La fe es interactuar con alguien que no puede ver. Una señal o característica de una persona justa es la fe. Ellos le creen a Dios aunque no lo puedan ver. Usted construye fe en Dios por medio de leer y escuchar su Palabra. La Biblia dice que la fe viene por escuchar la Palabra de Dios.

Los que ponen su fe en el Señor morarán en la tierra y serán alimentados (Salmo 37:3). No me importa cuán difícil se ponga la economía, si usted confía en el Señor, usted no tendrá hambre. No importa lo mal que se pongan las cosas, o de cuántas persona pierdan sus trabajos, usted comerá. Usted está cubierto con la sangre de Jesús. El estar sin empleo, el no poder pagar su hipoteca, etc., no vendrá a los justos. ¡No vendrá sobre usted!

Usted no será avergonzado en los tiempos de la maldad: y en los días hambruna usted será satisfecho (Salmo 37:19). La economía dice: "Todo el mundo pasa por dolor". Usted dice: "No, soy justo y seré satisfecho. No pasaré hambre. No moriré. Seré satisfecho sin importar cuán malo se vea. No soy como los demás. Soy una persona justa. Soy un santo de Dios. Soy un hijo de Dios. Tengo pacto con Dios. Confío en Dios. Lo poco que tengo es más que las riquezas de los malvados. Seré satisfecho en el día de la hambruna. Puedo tener lo que deseo porque me deleito en el Señor. El diablo es un mentiroso. ¡Es diferente para mí! tengo lo que deseo porque me deleito en el Señor. El diablo es un mentiroso. Es diferente para mí!"

¡Los justos por la fe *vivirán*!

## 2. NO SE INQUIETE A CAUSA DE LOS MALVADOS

David pasó por algunas circunstancias. Él vio a los impíos, especialmente a hombres como Saúl y su propio hijo Absalón quien intentó derrocarlo y tomar el reino. Tal parecía que los malignos prosperaban, mientras él—el justo, el ungido—se escondía en las cuevas.

Él sabía que había sido elegido para ser el próximo rey. Samuel le había dicho. Samuel derramó aceite sobre su cabeza y lo ungió para ser el próximo rey. Pero en lugar de estar sentado en el trono, se escondía en las cuevas y corría por su vida. Y parecía que los malvados tenían todo el poder y el éxito. Es por eso que en el primer versículo de Salmo 37, él dice que no debemos permitir que nos irritemos o incomodemos cuando veamos que las cosas no suceden de manera justa. No se enoje con las personas malvadas. No permita que estorben su espíritu.

Usted puede abatirse al mirar a otras personas. Tiene que mantener su corazón puro y justo. Algunas de las personas a quienes usted ha tratado con amabilidad y ha hecho mucho por ellos, puede que le den la espalda. Cuando esto sucede, se presenta una oportunidad para que crezca una semilla de amargura en usted.

La amargura es uno de los peores espíritus que pueda sujetar su vida. La amargura envenenará su sistema: le abre la puerta al cáncer, enfermedades y otros tipos de problemas. Es por eso que usted no puede permitir que la maldad que otros cometen lo abatan. Aunque usted no puede controlar las acciones de otras personas, si puede controlar lo que usted hace, cómo responde, y lo que permite.

Siempre habrá personas que no hagan el bien, pero usted tiene que mantenerse en el amor de Dios y el gozo del Señor. Esas personas puede que estén arruinadas pero no tienen que arruinarlo a usted. ¡No se irrite a causa de los malignos!

Salmo 37:3 dice: "Confía en Jehová, y haz el bien". Confíe que Dios tiene todo bajo su control y hará cosas buenas. No haga el mal porque otras personas hagan el mal. Dios es un juez justo y su Palabra dice que el hombre cosecha lo que siempre (Gálatas 6:7). La venganza es de Dios; Él retribuirá (Romanos 12:19).

### 3. GUARDE SU CORAZÓN Y SU BOCA

> Sobre toda cosa guardada, guarda tu corazón; porque de él mana la vida.
>
> —PROVERBIOS 4:23

Su vida se afecta por lo que sale de su corazón. Lo que sale de su corazón siempre puede ser determinado por lo que sale de su boca. De la abundancia del corazón habla la boca (Mateo 12:34). Usted siempre puede saber dónde está el corazón de una persona por lo que esta dice.

Si usted se queja, lloriquea y critica, y siempre dice palabras negativas, es porque usted no ha mantenido su corazón limpio y puro. Ha permitido la falta del perdón, la amargura y el coraje entrar en su corazón. Y eso va a afectar su corazón. Va a afectar su vida. Las personas amargas, malhumoradas y criticonas, siempre terminan en una calamidad.

### 4. DELÉITESE EN EL SEÑOR

"Deléitate en Jehová, y Él te concederá las peticiones de tu corazón" (Salmo 37:4). Es una manera fácil de obtener sus deseos; solo deléitese en el Señor. Esto no debe ser difícil. Como creyente, usted debe disfrutar al Señor, ir a la iglesia, participar en la alabanza y la adoración, leer la Palabra, estar en la casa de Dios, y vivir una vida de salvación. Esto no debe ser difícil si usted se deleita en el Señor. Algunas personas dicen que es difícil. ¿A qué Jesús usted sigue? El Jesús que yo conozco dice: "Mi yugo es fácil y ligera mi carga". Usted debe estar atascado en la religión, porque cuando usted viene a Jesús, Él lo hace descansar en delicados pastos y restaura su alma (Salmo 23).

El camino del transgresor es difícil.

El deleitarse en el Señor y en sus caminos no es difícil para el creyente. Hará manifiesto los deseos de su corazón.

## 5. Bendiga las cosas pequeñas
### que tiene en sus manos

> Mejor es lo poco del justo, que las riquezas de muchos
> pecadores.
> —Salmo 37:16

Dios puede bendecir un poco. En el milagro de los cinco panes, Dios hizo más con panes y dos peces porque Él los bendijo. Eso alimentó a cinco mil.

Cuando usted recibe poco, bendígalo. Ese poco va ir más lejos de lo que iría si usted hubiese recibido más. Las cosas pequeñas no limitan a Dios. Comience a bendecir lo que tiene en sus manos. No trate de descifrar cómo va funcionar. Hay momentos en que usted pueda tener mucho dinero y desaparecerá de sus manos si no vive correctamente.

Segunda de Reyes 4 cuenta la historia de la mujer viuda y una vasija de aceite. Ella tenía una deuda que pagar, pero lo único que tenía era la vasija de aceite. El profeta Eliseo le dijo que tomara vasijas vacías prestadas de todos sus vecinos. Cuando regresó, cerró su puerta y comenzó a echar el aceite de su única vasija. Y se comenzó a multiplicar el aceite hasta que tuvo más que suficiente para vender y pagar su deuda. Dios puede tomar lo poco que tiene en sus manos y bendecirlo. Así que, nunca se avergüence de un comienzo humilde.

## 6. Tome responsabilidad de su éxito

> Harás prosperar tu camino, y todo te saldrá bien.
> —Josué 1:8

Es su responsabilidad escoger entre la vida o la muerte, bendición o maldición. Muchas veces, no creemos que nuestras decisiones son importantes, y no queremos tomar la responsabilidad de lo que escogemos. Queremos que otros tomen la responsabilidad de las decisiones que tomamos.

Usted es responsable de hacer que su camino sea uno exitoso

y próspero. Usted lo hace exitoso con meditar, confesar, vivir y aplicar la Palabra de Dios a su vida. Su prosperidad no depende de otra persona. Los líderes buenos son importantes pero su salvación, prosperidad, y demás no dependen de ellos. Es responsabilidad de usted.

Vivimos en una sociedad donde la gente quiere culpar a otros por como se encuentra su vida. Nunca quieren tomar responsabilidad de su propia condición. Siempre es culpa de otro, que si una madre, un padre, un hermano, una hermana, la pareja, el jefe, un maestro, el enemigo, el presidente. Puede prosperar a pesar de Reagan, Clinton, Bush, Obama o cualquier gobernante; no hace una diferencia. La Palabra de Dios obrará cuando la aplique a su vida.

Cuando usted era un bebé y un niño, sus padres eran responsables por usted. Pero cuando se convirtió en adulto, se hizo responsable de sus propias decisiones. No puede esperar que otro tome la responsabilidad y guíe su vida. Tienen cuarenta, cincuenta, o sesenta años y todavía se encuentran con los mismos problemas que enfrentan los adolescentes. Es tiempo de madurar. Pablo dice que cuando se convirtió en hombre, dejó lo que era de niño (1 Corintios 13:11).

Una persona exitosa, que conoce los planes de Dios para su vida, entiende que la libertad que se experimenta en Cristo viene acompañada de responsabilidad. Buscan diligentemente la sabiduría de Dios para saber cómo vivir sus vidas y toman la responsabilidad de escuchar a Dios y de obedecer su instrucción, crecer en sabiduría, aprender de sus errores, levantarse luego del fracaso, y mantenerse enfocados hasta que vean sus vidas alinearse al plan de Dios.

## 7. Camine en el plan de Dios para su vida

Para que en el nombre de Jesús se doble toda rodilla de los que están en los cielos, y en la tierra, y debajo de la tierra; y toda lengua confiese que Jesucristo es el Señor, para gloria de Dios Padre.

—Filipenses 2:10–11

Para los hebreos, el nombre representaba el carácter de una persona. Muchos de los nombres de Dios son simbólicos, ilustrativos y figurativos. En la adoración, respondemos a la revelación de quién es Dios. Conocer los diferentes nombres de Dios nos ayudará a entender y a relacionarnos mejor con Él. Cuando nos relacionamos con Dios de la manera correcta, también se reflejará en nuestras vidas.

> Y Faraón respondió: ¿Quién es Jehová, para que yo oiga su voz y deje ir a Israel?
>
> —ÉXODO 5:2

El Faraón no conocía a Dios y preguntó: "¿Quién es Jehová?". Las Escrituras contienen la revelación del Señor. A través de la lectura y la confesión de la Palabra, usted tendrá mayor revelación de la grandeza y el poder del Señor. La Biblia describe el carácter y los actos grandiosos del Señor.

El nombre hebreo *Adonai*, o *Adon*, significa "señor". La forma *Adonai*, que aparece 439 veces en la Biblia, puede referirse a "mi Señor" o simplemente como "Señor". El nombre más común para Dios en hebreo (utilizado más de 6,800 veces en la Biblia) es típicamente escondido del lector moderno; virtualmente todas las traducciones estándares utilizan YHWH como "el Señor" (a menudo impreso como "SEÑOR" o "la Eternidad").

Hay un lugar en las traducciones modernas al inglés donde Yahveh o YHWH (o, en la versión RVR, Jehová) no está traducida: En Éxodo 6:3, cuando Dios revela su nombre a Moisés: "Yo soy JEHOVÁ [YHWH—aquí está traducida]: aparecí a Abraham, a Isaac, y a Jacob como Dios Omnipotente [El Shaddai], mas en mi nombre Jehová (Yahveh) no me di a conocer a ellos" (Éxodo 6:2–3). La palabra traducida como "Señor" en la Versión Reina Valera es *Yahveh* o *Jehová*.

> Yo, yo Jehová, y fuera de mí no hay quien salve.
>
> —ISAÍAS 43:11

Jesús es Señor y Salvador. El Señor del Antiguo Testamento se revela a través de Jesucristo en el Antiguo Testamento.

> Grande es el Señor, y digno de toda alabanza; su grandeza
> es insondable.
>
> —SALMO 145:3 (NVI)

Es imposible comprender (medida) la grandeza del Señor por completo. Sin embargo, el Señor nos ha dado un vistazo de su grandeza, y podemos meditar en Él e imaginarnos lo que Él ha revelado. Esto aumentará su nivel de temor, obediencia, reverencia, alabanza y adoración al Señor. El Señor es digno de ser alabado, y de recibir honra, riquezas, poder, dominio y gloria. El Señor debe ser temido sobre todo. El Señor debe ser amado con todo el corazón, y debemos aferrarnos a Él. El Señor es más grande que todo y más alto que todo. No hay nadie como el Señor, y nadie se puede comparar a Él. El Señor es santo, misericordioso, y justo en todo. Que todas las naciones and la gente escuche y respondan con alabanza, que toda la tierra se levante en canto.

El Señor es un sanador, restaurador, libertador, salvador, defensor, promotor, guardador, amante, luchador, creador, y revelador. Permita que su fe aumente y reciba los beneficios que vienen del Señor. Y siempre recuerde la verdad más importante: "Que si confesares con tu boca que Jesús es El Señor, y creyeres en tu corazón que Dios le levantó de los muertos, serás salvo" (Romanos 10:9).

Estas verdades acerca del Señor lo retará a un nivel más alto de entendimiento y revelación del Señor Jesucristo. Lo llenará de poder, y conocimiento y entendimiento. Y esto ni si quiera es el comienzo de la naturaleza y el carácter de Dios. Comience a meditar en ello y confiéselo y note su revelación y alabanza ir a otro nivel.

## 8. RECONOZCA LOS PATRONES DE LA PROVISIÓN DE DIOS

Cuando Dios nos revela su plan para nuestras vidas o los diseños para cumplir cierta misión o tarea, necesitamos entender que Él también provee lo que necesitamos para cumplir con ese plan. Si no hay provisión, puede significar que Dios no le ha dado esa tarea o asignación en particular o que aún no es tiempo para llegar a esa etapa del plan. La provisión de Dios confirma el plan y los diseños que Él pone delante de nosotros. La provisión y los diseños ambos deben estar en su lugar si queremos avanzar. Dios está comprometido con proveer provisión para los diseños que Él nos da.

Dios le dio a Moisés un diseño para construir el tabernáculo en el desierto.

> Conforme a todo lo que yo te muestre, el diseño del tabernáculo, y el diseño de todos sus utensilios, así lo haréis.
>
> —Éxodo 25:9

La gente dio voluntariamente una ofrenda para cumplir con este diseño.

> Di a los hijos de Israel que tomen para mí ofrenda; de todo varón que la diere de su voluntad, de corazón, tomaréis mi ofrenda.
>
> —Éxodo 25:2

La gente fue tan generosa que Moisés tuvo que restringirlos de dar. El tabernáculo fue construido porque Dios movió a la gente a dar.

> Y hablaron a Moisés, diciendo: El pueblo trae mucho más de lo que se necesita para la obra que Jehová ha mandado que se haga.
>
> —Éxodo 36:5

Otro ejemplo, David le dio a Salomón el diseño del templo. David recibió el diseño por el Espíritu (1 Crónicas 28:19).

El diseño también es un anteproyecto. Hay diseños (planos o anteproyectos) que podemos recibir por revelación.

> Luego David le entregó a Salomón el diseño del pórtico del templo, de sus edificios, de los almacenes, de las habitaciones superiores, de los cuartos interiores y del lugar del propiciatorio.
>
> —1 Crónicas 28:11

David no solamente le dio a su hijo el diseño, pero también le dio provisión. David proveyó oro, plata, y otros materiales para la construcción del templo.

> Además de esto, por cuanto tengo mi afecto en la casa de mi Dios, yo guardo en mi tesoro particular oro y plata que, además de todas las cosas que he preparado para la casa del santuario, he dado para la casa de mi Dios: tres mil talentos de oro, de oro de Ofir, y siete mil talentos de plata refinada para cubrir las paredes de las casas; oro, pues, para las cosas de oro, y plata para las cosas de plata, y para toda la obra de las manos de los artífices. ¿Y quién quiere hacer hoy ofrenda voluntaria a Jehová?
>
> —1 Crónicas 29:3-5

Si un ministerio, negocio, o idea carece de provisión, entonces quizá usted debe revisar el diseño. La provisión prosigue al diseño.

> Tú, hijo de hombre, muestra a la casa de Israel esta casa, y avergüéncense de sus pecados; y midan el diseño de ella.
>
> —Ezequiel 43:10

Es sabio calcular el costo antes de lanzarse a garantizar el éxito (Vea Lucas 14:28-30).

## 9. Abrace lo nuevo

La inteligencia es la habilidad para aprender, entender o manejar situaciones nuevas o difíciles. Es la habilidad para alcanzar metas complejas en situaciones complejas. Es la habilidad para resolver problemas difíciles. La sabiduría de Dios le dará la inteligencia que necesita para operar en lo "nuevo", aunque al principio parezca muy difícil. Lo nuevo no lo sorprenderá sino que lo retará a resolver y entender, aunque al principio parezca muy difícil.

Poder adaptarse a cosas nuevas es la clave para el éxito en un mundo que cambia constantemente y un Dios que ama hacer cosas nuevas. No le tenga miedo al cambio. Pídale a Dios que le de flexibilidad y humildad mientras Él hace cambios en su vida y lo lleva a niveles más profundos en Él. Recuerde que su plan es prosperarlo y darle un futuro y una esperanza. Para prosperar, tiene que crecer. Para crecer usted necesita ser retado y probado.

He aquí se cumplieron las cosas primeras, y yo anuncio cosas nuevas; antes que salgan a luz, yo os las haré notorias.

—Isaías 42:9

No os acordéis de las cosas pasadas, ni traigáis a memoria las cosas antiguas. He aquí que yo hago cosa nueva; pronto saldrá a luz; ¿no la conoceréis? Otra vez abriré camino en el desierto, y ríos en la soledad.

—Isaías 43:18-19

Lo oíste, y lo viste todo; ¿y no lo anunciaréis vosotros? Ahora, pues, te he hecho oír cosas nuevas y ocultas que tú no sabías. Ahora han sido creadas, no en días pasados, ni antes de este día las habías oído, para que no digas: He aquí que yo lo sabía. Sí, nunca lo habías oído, ni nunca lo habías conocido; ciertamente no se abrió antes tu oído; porque sabía que siendo desleal habías de desobedecer, por tanto te llamé rebelde desde el vientre.

—Isaías 48:6-8

¡Nuestro Dios Padre es un Dios de cosas nuevas! Cuando se trata de diseños y paradigmas, la realidad es que: los humanos tienden a ser mucho más conservadores que Dios. Dios es el Dios de cosas nuevas. Él siempre rompe los moldes y crea otras nuevas. En el establecimiento de su reino en la tierra, Él constantemente declara cosas nuevas antes de que sean una realidad. Con la abundancia de enseñanzas de la "Palabra" y "Fe" en que la iglesia ha sido instruida por los últimos treinta a cuarenta años, una cosa que sabemos muy bien es que todo lo que Dios hace, Él primero lo habla, lo declara y lo proclama. Luego, la palabra que Él declara no volverá a Él vacía sin cumplir el propósito por el que fue enviado. Él siempre cumple lo que proclama.[1]

—Steven Lambert

¿Desea experimentar cosas nuevas de parte del Señor? Una de las claves para experimentar cosas nuevas es la profecía. La palabra profética suelta cosas nuevas. Dios habla cosas nuevas. Dios es un Dios de cosas nuevas y Él desea hacer cosas nuevas en su vida. Involúcrese en una iglesia profética y se asombrará de las cosas nuevas que comenzarán a suceder en su vida.

## 10. Medite en la Palabra

Dichoso el hombre que no sigue el consejo de los malvados, ni se detiene en la senda de los pecadores ni cultiva la amistad de los blasfemos, sino que en la ley del Señor se deleita, y día y noche medita en ella. Es como el árbol plantado a la orilla de un río que, cuando llega su tiempo, da fruto y sus hojas jamás se marchitan. ¡Todo cuanto hace prospera!

—Salmo 1:1-3

El libro de los Salmo comienza con el valor de la meditación. Salmo 1 describe al hombre bendecido. El hombre bendecido medita en la Palabra día y noche. El hombre bendecido prospera en todo.

Todo el mundo quiere ser bendecido, pero pocos conocen el secreto de ser bendecido: la meditación. Pocos tienen la disciplina para meditar de día y de noche. Pocos comienzan esta práctica temprano en la vida. Siempre ha sido la clave para el éxito y la prosperidad.

Muchas personas luchan con ser bendecidas. Muchos luchan en la vida sin la bendición de Dios. Aquellos que aprenden esta clave y la utilizan, experimentarán bendición.

Proverbios 10:22 dice: "La bendición de Jehová es la que enriquece, y no añade tristeza alguna". La versión BLP dice: "La bendición del Señor enriquece sin que nada le añada el esfuerzo". En otras palabras, es una bendición sin trabajo duro y estrés. Usted no tiene que matarse para ser bendecido.

El hombre bendecido que menciona el Salmo 1 medita en la Palabra día y noche. La meditación es un paso seguro hacia la prosperidad y el éxito. Todo lo que este hombre haga prosperará.

En Josué 1:8, encontramos el único lugar donde aparece la palabra éxito en la versión Reina Valera de la Biblia.

> Recita siempre el libro de la ley y medita en él de día y de noche; cumple con cuidado todo lo que en él está escrito. Así prosperarás y tendrás éxito.
>
> —Josué 1:8

Éxito en hebreo es *sakal* que significa ser prudente, cauteloso, comprehensivo, actuar sabiamente, entender, prosperar, dar atención, considerar, reflexionar, tener percepción y actuar prudentemente.

Podemos observar a través de este versículo que la meditación está conectada a la sabiduría. La meditación lo ayudará a acceder la sabiduría de Dios. La clave para el éxito es la sabiduría como descubrimos en el capítulo 4. La sabiduría es uno de los grandes beneficios de la meditación en la Palabra de Dios. Obtener sabiduría es una de las cosas más importantes que usted puede hacer. Cualquier otra cosa que pueda conseguir, la sabiduría es la mejor, la sabiduría es suprema. La sabiduría es lo primero y lo primordial que necesita para tener éxito en su vida (Vea Proverbios 4:7).

> Bienaventurado el hombre que halla la sabiduría, y que obtiene la inteligencia; porque su ganancia es mejor que la ganancia de la plata, y sus frutos más que el oro fino. Más preciosa es que las piedras preciosas; y todo lo que puedes desear, no se puede comparar a ella. Largura de días está en su mano derecha; en su izquierda, riquezas y honra. Sus caminos son caminos deleitosos, y todas sus veredas paz. Ella es árbol de vida a los que de ella echan mano, y bienaventurados son los que la retienen.
>
> —Proverbios 3:13-18

Estos versículos enfatizan el valor de la sabiduría. La sabiduría es más preciosa que las piedras preciosas. Nada se compara a la sabiduría. Resulta en la largura de días. La sabiduría los guía hacia riquezas y honor. La sabiduría los dirige hacia la paz. La sabiduría promueve la felicidad. La meditación bíblica también producirá todo esto en su vida.

> Las riquezas y la honra están conmigo; riquezas duraderas, y justicia. Mejor es mi fruto que el oro, y que el oro refinado; y mi rédito mejor que la plata escogida. Por vereda de justicia guiaré, por en medio de sendas de juicio, para hacer que los que me aman tengan su heredad, y que yo llene sus tesoros.
>
> —Proverbios 8:18-21

La sabiduría produce riquezas y honra. La sabiduría causará que usted herede esencia. La sabiduría lo llenará de tesoros. Cuando usted halla sabiduría, hallará vida. Obtendrá el favor del Señor (Proverbios 8:35). La meditación en la Palabra destapa y derrama la sabiduría de Dios.

## Declaraciones de fe

Por Cristo soy libre. Al que el Hijo libertare, será verdaderamente libre (Juan 8:36).

---

No pongo mi confianza en el hombre. No pongo mi confianza en la carne. Pongo mi confianza en Dios (Salmo 56:4).

---

Vivo por fe. Camino por fe y no por vista (2 Corintios 5:7).

---

Soy responsable por mis decisiones y por lo que escoja. Tomo la decisión. Escojo la vida. Escojo bendiciones. Escojo la Palabra de Dios. Escojo la sabiduría.

---

Gracias, Señor, porque soy responsable de hacer prosperar mi propio camino y de que todo me salga bien.

---

Tengo fe para hablarles a las montañas y me obedecerán (Marcos 11:23).

Mi corazón jamás se apartará de ti. Siempre serviré a Dios.

Gracias, Señor, por la prosperidad. Voy a florecer porque vivo en los días del Mesías.

Tendré prosperidad y tendré mucho éxito por la gracia de Dios en el nombre de Jesús.

## ORACIONES PARA ACTIVAR LO NUEVO DE DIOS

Señor, declaro que las cosas primeras han pasado. Ahora recibo las cosas nuevas que han de suceder (Isaías 42:9).

No reflexionaré en las cosas del pasado. Miro hacia las cosas nuevas que el Señor hará. Saldrán a la luz ahora (Isaías 43:18-19).

Recibo cosas nuevas de este tiempo y no las cosas que fueron creadas tiempo atrás. Recibo las cosas escondidas que aún no he conocido (Isaías 48:6-8).

Soy nueva criatura en el Señor. Las cosas viejas pasaron. Todas son hechas nuevas (2 Corintios 5:17).

Cantaré un cántico nuevo al Señor porque Él ha hecho cosas maravillosas (Salmo 98:1).

Mirad, tú haces todo nuevo (Apocalipsis 21:5).

Señor, trae cosas nuevas a mí de tus tesoros (Mateo 13:52).

Señor, echa vino nuevo en odres nuevas para que lo uno y lo otro se conserven (Lucas 5:38).

Nuevas son cada mañana tus misericordias. Grande es tu fidelidad (Lamentaciones 3:23).

Busco cielos nuevos y tierra nueva que tu has preparado para mí (2 Pedro 3:13).

Señor, pon en mí un corazón nuevo y un espíritu nuevo. Quita mi corazón de piedra y dame un corazón de carne (Ezequiel 36:26).

Que mi graneros se llenen con abundancia, y mis largares rebosen de mosto (Proverbios 3:10).

Me vestiré del nuevo hombre, creado según Dios en la justicia y santidad de la verdad (Efesios 4:24).

Me limpio de la vieja levadura para ser una nueva masa (1 Corintios 5:7).

Por el camino nuevo y vivo, me acercaré al Señor con corazón sincero y plena certidumbre de fe (Hebreos 10:20-22).

Señor, escríbeme un mandamiento nuevo, porque la obscuridad ha pasado y la luz verdadera ya alumbra (1 Juan 2:8).

## Confesiones para la meditación de la Palabra

Meditaré en todas las obras del Señor y hablaré de sus hechos (Salmo 77:12).

Meditaré en los mandamientos del Señor; y consideraré sus caminos (Salmo 119:15).

Príncipes también se sentaron y hablaron contra mí, pero medité en los estatutos del Señor (Salmo 119:23).

Sean avergonzados los soberbios; porque sin causa me han calumniado: pero yo meditaré en tus mandamientos (Salmo 119:78).

---

Mis ojos están abiertos durante las vigilias de la noche para meditar en la Palabra del Señor (Salmo 119:148).

---

Medito en estas cosas; me doy por completo a ellos; que mi aprovechamiento sea manifiesto a todos (1 Timoteo 4:15).

---

Amo la ley del Señor; todo el día es ella mi meditación (Salmo 119:97).

---

La ley del Señor es mi delicia, y en su ley meditaré de día y de noche (Salmo 1:2).

---

Entenderé el camino de los preceptos del Señor, así que meditaré en sus maravillas (Salmo 119:27).

---

Me acordaré de los días antiguos y meditaré en todas las obras del Señor (Salmo 143:5).

---

Alzaré mis manos a los mandamientos del Señor que he amado, y meditaré en sus estatutos (Salmo 119:48).

---

Será escrito un libro de memoria para mí, que teme al Señor y medita en su nombre (Malaquías 3:16).

---

Meditaré en el libro de la ley de día y de noche (Josué 1:8).

# NOTAS

## Capítulo 1
### El pacto con Dios garantiza su éxito

1. J. E. Leonard, *I Will Be Their God*, (Hamilton, IL: Laudemont Press, 1992). 6.
2. James W. Goll, *Deliverance From Darkness* (Grand Rapids, MI: Chosen, 2010), 168-169.
3. *Ibíd.*, 168.
4. The Elijah List, "James Goll on 'Generational Blessings,'" http://www.elijahlist.com/words/display_word/3213 (consultado en línea el 10 de febrero de 2015).
5. *Ibíd.*

## Capítulo 3
### Entrar en el favor de Dios

1. Biblestudytools.com, s.v. "charis," http://www.bible studytools.com/lexicons/greek/kjv/charis.html (consultado en línea el 10 de febrero de 2015).
2. *Ibíd.*

## Capítulo 4
### Una vida de excelencia y sabiduría

1. Richard Ostella, "The Excellence of Christian Love (1 Cor. 12:31-13:3)," Bible.org. junio 9, 2009, https://bible.org/series page/excellence-christian-love-1-cor-1231-133 (consultado en línea el 15 de diciembre de 2014).
2. Welcome to Kids Answers, "God Speaks of the Ant in His Word, the Bible," March 23, 2010, http://www.answersin genesis.org/articles/ka/v5/n2/ant-in-bible (consultado en línea el 15 de diciembre de 2014).
3. John Johnston, "The Foresight and Diligence of the Ant," Biblehub.com, http://biblehub.com/sermons/auth/johnston/the_foresight_and_diligence_of_the_ant.htm (consultado en línea el 19 de diciembre de 2014).

## CAPÍTULO 5
### IMPULSO: LA CLAVE PARA MANTENER
### LA VIDA VICTORIOSA

1. *The Emphasized Bible* por Joseph Bryant Rotherham, copyright © 1994 por Kregel Publications.

2. *The Bible: An American Translation* por J. M. Powis Smith and Edgar Goodspeed. Copyright © 1935 por University of Chicago Press, Chicago, Illinois.

3. *The Bible: James Moffat Translation*. Publicado por Kregel Publications, Grand Rapids, MI. Usado con permiso de la editorial. Todos los derechos reservados.

4. *The New Testament in Modern English*, revised edition. Copyright © 1958, 1960, 1972 por J. B. Phillips. Macmillan Publishing Co. Usado con permiso.

5. *The Twentieth Century New Testament*. A translation Into Modern English. Hecha del griego original. New York, NY. Fleming H. Revell Co., 1902. Revisada en 1904.

6. Williams, Charles B. *The New Testament in the Language of the People*. Chicago, IL: Moody Press, 1937.

## CAPÍTULO 6
### LOS LADRONES QUE VIENEN A MATAR
### Y DESTRUIR UNA BUENA VIDA

1. *The Knox Translation*, copyright © 2013 Westminster Diocese.

2. New Testament, 1923. Edgar Goodspeed, *The New Testament: An American Translation*. Chicago: University of Chicago Press, 1923.

3. Jean Calvin, *Institutes of the Christian Religion Volume 1* (N.p.: Hardpress, 2013), 296.

4. *The New Testament in Modern Speech*, Richard Francis Weymouth, edited and partly revised by Reverend Ernest Hampden-Cook. Publisher Baker and Taylor Company, New York, 1903.

## Capítulo 8
### Un futuro lleno de esperanza

I.  Steven Lambert, "Now I Declare New Things!," SLM.org, www.slm.org/prophetic/articles/new_things.pdf (consultado en línea el 10 de febrero de 2015).